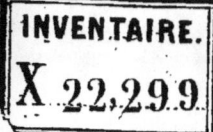

COURS

DE

THÈMES GRECS,

OU CHOIX DE MORCEAUX GRADUÉS, EXTRAITS DES
AUTEURS GRECS, POUR SERVIR D'APPLICATION A LA
NOUVELLE MÉTHODE POUR FAIRE DES THÈMES GRECS,

Par E. A. CHABERT,

AGRÉGÉ DE GRAMMAIRE, CENSEUR DES ÉTUDES
AU COLLÉGE ROYAL D'AVIGNON.

AVIGNON,
Chez SEGUIN AÎNÉ, Imprimeur-Libraire, rue Bouquerie, 8.
1838.

OUVRAGES DU MÊME AUTEUR,

QUI SE TROUVENT CHEZ LE MÊME LIBRAIRE.

NOUVELLE MÉTHODE POUR FAIRE DES **THÈMES GRECS**, adoptée par le Conseil Royal de l'Instruction publique, dans sa séance du 27 Juillet 1832 ; troisième édition. 1 vol. in-12.

LE CORRIGÉ des thèmes grecs. 1 vol. in-12.

Les deux exemplaires voulus par la loi ont été déposés.

Les exemplaires non revêtus de la signature de l'auteur seront réputés contrefaits, et tout contrefacteur ou débitant de contrefaçons de cet ouvrage sera poursuivi suivant la rigueur des lois.

COURS

DE

THÊMES GRECS.

SYNTAXE DES NOMS.

1.

L'obéissance est la mère du succès.
Hélène est fille de Léda.
L'Asie et l'Europe sont des coins du monde.
Le juge est l'arbitre de la justice.
Salut, Hermès, dieu du plaisir, messager des Dieux !
Télaugès était fils de Pythagore.
A Athènes, il y a dans le théâtre des statues de poètes tragiques et de poètes comiques.

2.

O Mort, tu es le seul remède des maux incurables.
La raison est le remède de la colère.
Le temps est le remède de toutes les passions.
La santé du corps est l'ouvrage de l'art : la santé de l'ame est l'ouvrage de la vertu.
Vous avez vu les fêtes des deux déesses.
La prophétesse Sibylle appelle les temples, des ruines.

3.

L'homme n'est qu'un souffle et qu'une ombre.
Io était fille du roi des Argiens.
Xénophon était bon soldat.
Les gouttes d'eau creusent les pierres.
La mort est la séparation de deux choses, de l'ame et du corps.
Orthagoras, dans son ouvrage sur l'Inde, dit que les pâtres donnent pour nourriture à leurs chèvres des poissons secs.

4.

Le francolin est un oiseau.
J'ai entendu dire que le griffon, animal des Indes, a quatre pattes comme les lions.
Mandane était fille d'Astyage.
L'expérience est la pierre de touche des mortels.
La philosophie est le seul remède des infirmités et des maladies de l'ame.

5.

Le silence est une réponse pour les sages.
La mort est la fin de la satiété et de l'insolence; la vertu est la fin de la pauvreté et de la détresse.
Les biens de la vertu sont seuls durables.
Polygnote de Thasos et Denys de Colophon étaient peintres.
Les Athéniens relevèrent les murs de leur ville.

6.

La bonne constitution dans les enfans est le fondement d'une heureuse vieillesse.

Le travail est père de la gloire.
Diogène appelait le ventre la Charybde de la vie.
Cyrus tua le père de sa mère.
Les enfans ne voient pas la laideur de leurs pères.
Les présens du méchant ne sont pas utiles.
La bonne foi, cette grande déesse, a disparu.

7.

La loi de Dieu ordonne à l'homme d'être bon.

L'estomac de l'homme est semblable à celui du chien.

Il ne faut pas peu de réflexion pour le choix des chemins et des guides.

Le temps est le remède de toute douleur.

Pompilius, roi des Romains, passa toute sa vie en paix.

Les oreilles et les yeux du roi sont en grand nombre.

8.

Le retard est un grand mal en amitié.

Un fils trouve un puissant rempart dans son père.

Les désirs des jeunes gens sont vifs, mais n'ont pas de durée.

La mort de la terre, c'est de devenir de l'eau; la mort de l'eau, c'est de devenir de l'air; la mort de l'air, c'est de devenir du feu.

9.

Le devoir d'un général est de pourvoir à la subsistance non-seulement des hommes, mais encore des chevaux.

Certes, c'est un honneur de châtier les méchans.

Pour le sage, c'est une honte de faillir.

Apprendre avec facilité est naturellement chose agréable pour tous les hommes.

SYNTAXE DES ADJECTIFS.

10.

Les tortues marines pondent sur la terre.

Aspasie était très-belle ; elle avait les cheveux blonds.

Le désordre et le manque de symétrie sont choses hideuses.

Salut, reine, déesse aux bras blancs, céleste Lune !

Les abeilles ne souffrent point dans la ruche une abeille morte.

Toute l'Attique est consacrée à Minerve.

11.

La nuit est favorable au voleur.

Les Sidoniens étaient des ouvriers habiles.

Les voyages sont utiles aux législateurs.

Dieu, qui a créé tout ce qui existe, est un esprit très-sage et éternel.

L'esprit est fait pour commander à la parole ; la parole est faite pour obéir à l'esprit.

12.

Les nerfs et les os sont privés de raison.

Le sommeil le plus long a lieu en hiver et dans le printemps.

Dans une armée nombreuse la multitude est indocile.

Médon était boiteux.

Selon Platon, le sommeil et la fatigue sont ennemis de la science.

Je connais Pâris; c'est un beau jeune-homme.

13.

Ce qui n'est pas utile à l'essaim, ne l'est pas non plus à l'abeille.

Ce qui n'est pas nuisible à l'état, ne l'est pas non plus au citoyen.

Mégalopolis est la plus moderne des villes, non-seulement d'Arcadie, mais même de toute la Grèce.

Le plus souvent la plus grande espérance inspire la plus grande ardeur pour les entreprises.

Le poivre est un fruit dont il existe deux espèces, l'une ronde et l'autre oblongue.

14.

Les Mégariens étaient un peuple mesquin et peu libéral.

Les Héraclides étaient alliés aux rois d'Etolie.

Le serpent est ennemi de la belette et du porc.

L'Aurore au trône d'or enleva Tithon.

Il est pénible de supporter la pauvreté et la vieillesse.

Chez les Mysiens, les bœufs sont privés de cornes.

15.

Le chameau a la chair et le lait les plus agréables.

Socrate était sage et juste.

Plutus, le plus beau et le plus aimable de tous les dieux, avec toi, je suis vertueux, fussé-je pervers.

Thalès était de Milet et d'une famille distinguée.

La rate de l'homme est étroite et longue, et semblable à celle du porc.

16.

Un langage sincère et droit est l'image d'une ame belle et franche.

Les tortues marines sont semblables en tout aux tortues de terre, à l'exception de la grosseur et des pattes.

Il n'est pas facile de changer une mauvaise nature.

La Béotie est limitrophe à l'Attique.

Le temple de Delphes était rempli de dépouilles et de butin fait par les Grecs.

Puissé-je être heureux et cher aux Dieux immortels !

17.

Tu dois préférer de beaucoup un ami déclaré, à une richesse cachée et que tu gardes enfouie.

Il n'y a point d'animal plus audacieux que l'homme impudent.

Toute la terre est accessible au sage.

Si ce qui est favorable à notre santé est plus digne de notre préférence, un plus grand bien que ce qui est agréable, la santé aussi vaut mieux que le plaisir.

Les cornes du taureau sont plus fortes que celles de la vache.

Tout ce qui est excessif, est ennemi de la nature.

18.

Un petit nombre de braves valent mieux que beaucoup de lâches.

A qui fait de grandes choses il est difficile de plaire à tous.

Les dieux doivent être plus sages que les mortels.

De tous les hommes un tyran est celui qui a le moins d'amis.

Sortez des charges publiques, non avec plus de richesses, mais avec plus de gloire.

Les chèvres craignent plus le froid que les brebis.

Les serpens sont les plus friands des animaux.

Plaire à beaucoup de gens est de toutes les choses la plus difficile.

19.

Les méchans sont quelquefois plus heureux que les hommes vertueux.

Il n'est pas de possession plus belle qu'un ami.

Ne croyez pas que le soin et l'étude, si utiles dans tout le reste, n'aient pas le pouvoir de nous rendre plus vertueux et plus sages.

Le vautour pond un œuf ou deux au plus.

Il y a dans le Pont-Euxin une île pleine d'animaux sauvages et privés.

Etre vertueux, et être philosophe, c'est la même chose.

Quel éloge est plus agréable que celui qui vient des amis ?

20.

Croyez qu'il est honteux de dire ce qu'il est honteux de faire.

Le métier de brigand est chez nous contraire aux lois et à la justice, mais chez beaucoup de peuples barbares il n'a rien d'inconvenant.

SYNTAXE DES VERBES.

Tout animal a une ame.
La baleine sort de la mer.
Il faut s'abstenir des voluptés.
Les combats se décident plutôt par l'énergie de l'ame que par les forces du corps.
Chacun déteste le voleur et le calomniateur.

21.

Quatre Pythagore ont existé à la même époque.
Les chagrins enfantent des maladies chez les hommes.
Les cris des grues appellent la pluie.
On dit que le temple de Minerve Troyenne est dans le pays de Daulis.
Les petits des lièvres sont appelés levrauts.
Le miel paraît amer à ceux qui ont la jaunisse.
Pélops, fils de Tantale, s'empara de tout le Péloponèse.
La folie est un sphynx pour les hommes.

22.

Enfans, cessez vos pleurs.
Le pivert mange les fourmis et les petits vers qui sortent des arbres.
Les loups cerviers font la guerre aux chiens et aux lions.
Quand on jette de la rue aux polypes, ils restent sans mouvement.
Le lion craint le coq.

Aussitôt l'illustre Hector ôta son casque de dessus sa tête.

J'ai vu un bœuf qui avait cinq pieds.

Les montagnes au-dessus d'Anticyre sont très-pierreuses.

23.

Il est beaucoup d'animaux qui n'ont pas le sens de la vue, ni celui de l'ouïe, ni même la voix : telle est la famille des huitres.

D'après les conseils d'Apollon les hommes bâtirent des villes.

Patrocle, fils de Ménétius, fut instruit sur la médecine par Achille; et Achille, fils de Pélée, le fut par Chiron, fils de Saturne.

Le potier en veut au potier, le charpentier, au charpentier; le pauvre porte envie au pauvre, et le poète, au poète.

Pélias régna à Iolcos après Créthée.

24.

Respectez vos parens, et obligez vos amis.

On dit qu'Io fut changée de femme en génisse.

Dans l'intérieur des pyramides d'Egypte, une seule voix produit en se brisant quatre et même cinq voix distinctes.

Le cheval aime mieux l'orge et le foin que la chair humaine.

Il suit Dieu, il obéit à son père.

La fortune vous donne non-seulement un prince, mais encore un bon père.

Danaüs distribue des poignards à ses filles.

Je vais chanter Cérès à la belle chevelure, auguste divinité, et sa fille, la belle Proserpine.

25.

Les historiens disent que les Indiens rendent un culte à Jupiter pluvieux, au fleuve du Gange, et aux Dieux indigènes.

Il n'est permis qu'au grand roi de porter la tiare droite sur la tête.

Mégasthène conseille de se défier des anciennes histoires sur les Indes.

Préférez une honnête pauvreté à une opulence injuste.

La rhétorique est utile.

Ne soyez ni bavard, ni trop agissant.

26.

Rien dans la vie n'arrive à l'improviste pour ceux qui ne sont point dépourvus d'esprit, pour ceux qui ont de la prudence et de la raison.

Les hommes bien nés ne doivent jamais avoir le mensonge à la bouche.

Tout ne s'accomplit pas au gré de l'homme.

Le rossignol ne se montre pas long-temps.

Minos, Rhadamanthe et Eaque rendent la justice dans un carrefour d'où deux chemins conduisent, l'un dans les îles des Bienheureux, l'autre, dans le Tartare.

La voix du chien devient plus grave lorsqu'il vieillit.

27.

Ne me parlez pas de la richesse; je n'admire pas un dieu que l'homme le plus méchant peut facilement posséder.

Conseillez non ce qu'il y a de plus agréable, mais ce qu'il y a de plus utile.

De quoi les hommes ont-ils besoin, à l'exception de ces deux choses : le blé, présent de Cérès, et un vase plein d'eau?

Dans la 91.ᵉ Olympiade Xénoclès et Euripide se disputèrent le prix de la tragédie.

Il est des dieux, et ils ont soin des choses humaines.

Quel est donc ce chemin qui conduit à la véritable instruction?

28.

Il convient d'interdire aux enfans la société des méchans. Ils emportent toujours quelque chose de leur méchanceté.

Pensez que la décence, la modestie, la justice, la modération, vous conviennent sur toutes choses.

Accoutumez-vous à être, non point sombre, mais réfléchi; d'un côté vous paraîtrez insolent, de l'autre vous paraîtrez sage.

Ni les chevaux, ni les chiens, ni les hommes, ni quelques êtres que ce soit dont le soin nous est confié, nous ne pourrons les bien gouverner, si nous ne nous plaisons avec eux.

Je ne suis pas surpris que vous n'ayez pas de confiance à la fortune.

29.

J'aime à vous entendre, vous autres sages.

Sciron précipitait dans la mer tous les étrangers qu'il rencontrait.

Un aigle, élevé par un simple citoyen, voyant brûler son maître après sa mort, se jeta dans le bûcher.

Il convient aux rois d'exercer leur esprit, encore plus qu'aux Athlètes d'exercer leur corps.

Aux Apaturies, les pères de famille et leurs parens se réunissent.

Pensez qu'en étant attaché à la vie, vous montrez que vous nous aimez tous.

Arrête ton vaisseau pour écouter notre voix.

30.

Ne pare pas ton visage ; sois beau de tes qualités.

Si quelqu'un ne nourrit pas ses parens, qu'il soit noté d'infamie.

Que les chiens soient courageux, et qu'ils aient de bons pieds.

Puissé-je être hideux, plutôt que beau et vicieux !

La mort et la vie, l'honneur et le déshonneur, la peine et le plaisir, la richesse et la pauvreté, toutes ces choses arrivent également aux bons et aux méchans.

Et nous aussi, nous étions autrefois insensés, incrédules, égarés, esclaves des plaisirs et de mille passions.

31.

Il nous sera donc permis de faire impunément ce que les lois punissent de mort ?

Mortel, ne garde point une haine immortelle.

Que votre langue ne devance pas votre pensée.

Que les poètes chantent l'hydre de Lerne et le combat d'Hercule.

Soyez maître de vous non moins que des autres, et croyez que la chose la plus digne d'un roi, c'est de n'être l'esclave d'aucun plaisir.

Dieu favorise un effort louable.

Quel est votre mérite, si vous ne prêtez qu'à ceux dont vous espérez recevoir?

Je veux chanter les Atrides ; je veux aussi chanter Cadmus.

32.

Cette femme, qui tient un fouet, s'appelle la Punition.

Il est d'un homme de cœur de supporter avec courage ce qui lui arrive.

Notre ville te contentait plus qu'elle ne contentait les autres Athéniens.

Vous n'avez point cru à mes discours.

Il sonna de la trompette, et nous l'écoutâmes.

Si vous voulez être bon, croyez d'abord que vous êtes mauvais.

Ayez soin du peuple.

J'aime mon père par-dessus tous les mortels.

33.

Pour moi, ô Antiphon, je me réjouis autant et même plus d'un bon ami, qu'un autre, d'un bon cheval, d'un chien, d'un oiseau.

Latone fut poursuivie par Junon sur toute la terre.

Puisque vous avez reçu un corps mortel et une ame immortelle, tâchez de laisser un souvenir impérissable de votre ame.

La chameau fait toujours la guerre au cheval.

Les abeilles paraissent se réjouir du bruit.

Ne fréquentez pas les méchans.

Le cheval d'Alexandre était appelé Bucéphale à cause de la largeur de son front; c'était un bon cheval de guerre : le prince s'en servait toujours dans les combats.

34.

Socrate n'appelait trompeur ni le trompeur obscur, ni celui qui dérobait soit de l'argent, soit un meuble qu'il avait reçu de quelqu'un en dépôt par persuasion, mais le trompeur bien plus coupable qui, n'ayant aucun mérite, abusait de la confiance de ses concitoyens en leur persuadant qu'il était capable de diriger l'état.

Dans cette guerre, une des plus importante, soit par la diversité des événemens, soit par la grandeur des maux que les Romains éprouvèrent et des dangers auxquels ils furent exposés, Marius ne put rien faire de remarquable, et prouva par son exemple que la vertu guerrière a besoin, pour se signaler, de la force et de la vigueur du corps. Au contraire, Sylla y fit les exploits les plus mémorables ; il s'acquit auprès de ses concitoyens la réputation d'un grand capitaine, et auprès des ennemis, celle du général le plus heureux.

35.

Lorsque la terre eut aussi enfermé dans son sein cette troisième race de mortels, Jupiter fit une quatrième race plus juste et plus magnanime, une race d'hommes divins, de ces héros qui s'appellent demi-dieux.

O Persès, écoutez la justice ; et oubliez la violence : c'est une loi que Jupiter a imposée aux mortels.

Le lait est la première nourriture dont nous usons.

Ne portez point envie à ceux qui occupent les premières places auprès de moi ; devenez leurs rivaux, et, efforcez-vous, en vous montrant hommes de bien, de vous mettre aussi haut qu'eux.

36.

Par ce langage Socrate me semblait atteindre à ce résultat, que ses disciples s'abstenaient de toute action impie, injuste et honteuse, non-seulement lorsqu'ils étaient vus par leurs semblables, mais même lorsqu'ils étaient seuls, convaincus que la divinité n'ignorait rien de ce qu'ils faisaient.

Tous se repentaient de leur audace.

Vous désirez l'instruction, et moi, j'entreprends d'instruire les autres ; vous vous livrez avec ardeur à l'étude de la sagesse, et moi, je dirige ceux qui l'étudient.

Imitez les actions de ceux dont vous ambitionnez la gloire.

Je me souviens d'avoir appris de quelques Lesbiens, l'aventure d'une jeune fille qui fut sauvée de la mer par un Dauphin.

Il a comblé de biens ceux qui avaient faim.

37.

Sachez d'abord que cette enceinte s'appelle la vie. La foule qui se presse à la porte, ce sont ceux qui vont y entrer. Ce vieillard, placé sur une éminence, tenant d'une main une espèce de papier, et faisant quelques signes de l'autre, s'appelle le Génie. Il fait connaître à ceux qui entrent, ce qu'ils doivent faire après être venus à la vie, et leur montre la route qu'ils doivent suivre, s'ils veulent s'y sauver.

Comment peut-on regarder comme un bien ce qui souvent n'est pas utile ?

On ne peut donc bien vivre qu'en usant de ses richesses d'une manière légitime et bien entendue ?

Vous me paraissez dire une chose de toute vérité.

Sylla approchait de Chéronée : le tribun établi dans cette ville vint au devant avec les troupes, portant une couronne de laurier. Sylla, l'ayant reçue, salua les soldats, et les exhorta à faire preuve de courage dans le danger.

38.

Si vous écoutez attentivement ce que je vais vous dire, si vous le comprenez bien, vous serez sages et heureux. Si non, insensés, malheureux, désagréables, ignorans, vous mènerez une vie misérable. Cette explication est semblable à l'énigme que le sphinx proposait aux hommes. Celui qui en découvrait le sens, était sauvé ; si non, il était dévoré par le sphinx. Il en est de même de cette explication. La folie est un sphinx pour les hommes. Elle nous fait voir comme dans une énigme ce qui dans ce monde est bon, ou mauvais, ou ce qui n'est ni bon, ni mauvais. Celui qui ne peut expliquer cette énigme, est détruit par la folie : il ne périt pas en un instant comme l'homme dévoré par le sphinx, mais peu à peu, par une consomption lente durant toute sa vie, comme un homme livré à des bourreaux. Mais si quelqu'un vient à comprendre, la folie est détruite : l'homme est sauvé, et sa vie entière n'est que bonheur et félicité.

39.

Esclave, tu crains les enfers qui te délivreront de tes maux !

C'est à Speusippe que Simonide écrit son histoire qui contient le récit des actions de Dieu.

La faculté de nous persuader les uns les autres nous a délivrés de la nécessité de vivre comme les brutes.

Tu apprends à une aigle à voler.

Nous savons tous qu'Agésilas, quand il croyait être utile à sa patrie, ne se rebutait pas du travail, ne s'effrayait pas des dangers, ne ménageait pas son argent, e' ne s'excusait pas sur les infirmités de son corps, ou sur sa vieillesse: mais il croyait que le devoir d'un bon roi est de faire le plus de bien possible à ses sujets.

40.

Elles exhortent les voyageurs parvenus jusques là, à s'armer de courage, à ne pas s'abandonner à un lâche désespoir, leur disant que, après quelques efforts, ils vont trouver une route agréable.

Il était juste que ceux qui voulaient recevoir de vous la couronne, s'en montrassent dignes.

Dites-moi, qui sont ceux que l'on voit descendre de la hauteur ? Les uns ont la tête ceinte de guirlandes, l'air riant et serein. Les autres, sans couronne, sont remplis de tristesse et de trouble: leur tête et leurs genoux annoncent l'épuisement, et ils sont tenus par des femmes.

Quels secours le Génie leur recommande-t-il d'emprunter de la fausse instruction ?

41.

Les Perses enseignent la tempérance aux enfans : ce qui contribue beaucoup à la leur apprendre, c'est qu'ils voient les vieillards eux-mêmes passer les journées entières sans faire aucun excès.

Les Perses informent encore d'un crime, qui excite les haines les plus violentes parmi les hommes, et pour lequel on n'a pas recours à la justice, c'est l'ingratitude.

42.

Nommé Questeur, sous le premier consulat de Marius, Sylla alla avec lui en Afrique combattre Jugurtha. Se trouvant à l'armée, il se montra homme de courage, et ayant su profiter d'une circonstance heureuse, il gagna l'amitié de Bocchus, roi des Numides. Il avait recueilli des ambassadeurs de ce prince, qui s'étaient échappés des mains de brigands Numides, et après les avoir traités avec générosité, il les avait renvoyés comblés de présens sous une bonne escorte. Bocchus craignait et haïssait depuis long-temps Jugurtha son gendre, qui, vaincu par les Romains, s'était réfugié chez lui. Décidé à le trahir, il fit venir Sylla, aimant mieux que ce fût lui qui le prît et le livrât aux Romains, que de le leur livrer lui-même.

43.

Chirisophe après avoir passé le fleuve, ne poursuivit pas la cavalerie ennemie, mais aussitôt il alla vers les collines qui dominaient sur le fleuve attaquer les ennemis. Ceux-ci voyant leurs cavaliers prendre la fuite, et les hoplites Grecs marcher contre eux, abandonnèrent les hauteurs qui s'élevaient au-dessus du fleuve.

44.

Cependant Marius ayant été pris se donna lui-même la mort ; et Sylla étant allé à Préneste, fit d'abord juger et exécuter chacun des habitans, en particulier ; mais en suite, le temps lui manquant, il les rassembla tous dans un même lieu, au nombre de douze mille, et les fit égorger, n'accordant la vie qu'à son hôte. Mais celui-ci lui dit, avec beaucoup de grandeur d'âme, qu'il ne devrait jamais son salut au bourreau de sa patrie ; et s'étant jeté au milieu de ses compatriotes il fut égorgé avec eux. Lucius donna dans ces proscriptions un exemple inouï de cruauté. Avant que la guerre fût terminée, il avait tué son frère de sa propre main ; ensuite il pria Sylla de mettre son frère au nombre des proscrits, comme s'il était vivant. Sylla se rendit à sa demande, et Catilina alla tuer un homme de la faction contraire, nommé Marcus Marius, et porta sa tête à Sylla qui était dans la place publique sur son tribunal : après cela il alla froidement laver ses mains dégouttantes de sang, dans le vase d'eau lustrale qui était près de là, placé à la porte du temple d'Apollon.

45.

Ne portez chez le devin ni désir, ni aversion ; ne l'approchez point en tremblant, mais bien convaincu que l'événement, quel qu'il puisse être, sera une chose indifférente et qui ne vous regarde pas.

Protagoras, nous venons te trouver, Hippocrate que voici et moi.

Si quelqu'un se fâcha sans raison contre moi lorsqu'il souffrait, qu'aujourd'hui considérant la vérité il change de sentiment.

Je vous apporte une lettre de la part de Pollux.

46.

J'ai reçu avec plaisir tous les livres que vous m'avez envoyés, et les lettres que vous m'avez fait remettre par l'excellent Mygdonius; mais ayant à peine un instant de loisir, je vous réponds par ce peu de mots : Portez-vous bien, et écrivez-moi toujours de semblables choses.

Tout le monde, soit en public, soit en particulier, se réjouissait de la sage direction et de la douceur du pouvoir suprême.

Jouissez de l'heure présente.

Socrate disait qu'il est d'un Dieu de n'avoir besoin de rien.

Honorez vos parens.

Si vous voulez être bon, commencez par croire que vous êtes méchant.

Je ne puis ni me fâcher contre un homme qui m'est proche, ni le haïr.

Telle est la réponse de Phocion à Antipater : Vous ne pouvez trouver tout à la fois en moi un ami et un flatteur, c'est-à-dire un homme qui soit votre ami et qui ne le soit pas.

SYNTAXE DES PRONOMS.

47.

Je te salue, ô Ménélas !

Les habitans de la Carmonie sacrifient un âne à Mars, qui est le seul Dieu qu'ils adorent.

Dormez, mes enfans, d'un sommeil doux et léger.

Celui-là a puni le perfide Egisthe, meurtrier de son père.

Quel bonheur n'est point désagréable sans amis?

Pourquoi les ignorans et les hommes incapables troublent-ils l'homme habile et savant?

J'entends dire qu'il existe dans le pays des Caspiens un grand lac qui contient de grands poissons.

Muses, quel est pour vous le plus agréable des poètes?

48.

En Egypte les hommes ont chacun deux habits, les femmes n'en ont qu'un.

Il est deux choses dont vous devez vous souvenir, l'une, que tout de toute éternité se ressemble et se reproduit comme par un mouvement circulaire, et qu'il importe peu si ce sera dans cent ans, dans deux cents ans ou dans un temps infini qu'on reverra les mêmes objets ; l'autre, que l'homme qui a vécu le plus long-temps, comme celui qui meurt le plus vite, rejette la même dépouille.

Il y a des rats qui marchent sur deux pieds.

49.

Outre les quatre élémens il existe une cinquième

substance de laquelle ont été créés le ciel et les astres.

Il est une île qu'on appelle Leucé ; elle a vingt stades de circuit. Dans cette île est un temple consacré à Achille.

Comment peut être bon celui qui n'est point sévère pour les méchans ?

Tout ce qui a un mal pour contraire, est un bien.

Il est des auteurs qui comptent trois Jupiter.

Que fait un tel ?

Commode se fit élever des statues dans toute la ville.

Celui qui reste heureux dans ses foyers est digne d'envie.

50.

Qui ne pourrait facilement louer la haute naissance de Busiris ? Il eut pour père Neptune, et pour mère Libye, petite fille de Jupiter par Epaphus.

Cadmus ayant épousé une femme de la race des Amazones nommée Sphinx, vint à Thèbes, et ayant tué le dragon, reçut le sceptre de cette ville.

Dans le Pont, il y a des abeilles très-blanches, qui donnent du miel deux fois par mois.

Les pierres que Deucalion jetait, se changeaient en hommes ; celles que jetait Pyrrha, se changeaient en femmes.

Fuyez le plaisir qui entraîne le chagrin après lui.

51.

Tout paraissait impraticable et impossible à ces hommes privés d'Alexandre.

Il se jeta dans le bûcher.

Après la mort de Méléagre, Althée et Cléopâtre se pendirent.

Les leçons que vous donnerez à vos enfans, mettez-les vous-même en pratique.

Celui qui n'a pas été esclave, ne saurait devenir un maître digne d'éloges.

Que ceux qui, étant riches, secourent les pauvres, soient loués et célébrés.

La plupart ne s'occupent qu'avec insouciance et sans intérêt, du bien le plus fécond, qu'on appelle ami.

Personne-ne mène la vie qu'il voudrait.

Celui qui s'élève, sera abaissé, et celui qui s'abaisse, sera élevé.

52.

Qui ne perdrait courage, quand il voit célébrés et applaudis sur la scène, les seuls héros de Troie et des temps plus reculés, et qu'il prévoit que lui-même, surpassât-il leurs exploits, jamais il ne partagera leurs honneurs ?

O hommes, quelle erreur vous entraîne ! vous qui mettez tous vos soins à amasser des richesses; et ne vous occupez guères des enfans auxquels vous les laisserez.

Je cherche la vérité, par laquelle les intérêts de personne n'ont été lésés.

Il est contre nature de se nuire les uns aux autres.

53

Essayez, dans les poèmes les plus renommés, de rompre la mesure, sans toucher aux idées ni à l'expression : ils vous paraîtront bien au-dessous de l'idée que nous en avons.

Métis fit prendre à Saturne un breuvage, par lequel celui-ci travaillé, vomit d'abord la pierre, ensuite les enfans qu'il avait avalés.

Sur les bords de l'Euphrate, se trouve une plante nommée *Axalla*.

Elevé en dignité, ne vous servez pas d'un méchant ; on vous imputerait les fautes qu'il ferait.

O mon enfant, je te donne la terre, la mer et le ciel, et tous les animaux qui s'y trouvent.

54.

Les villes sont bien administrées, quand ceux qui commettent des injustices, sont punis.

Celui qui ne trahit pas un ami, est en grand honneur auprès des hommes et des dieux.

Le législateur des Romains défendit aux époux de se faire et de recevoir l'un de l'autre des présens, afin qu'ils fussent persuadés que tout était commun entr'eux.

Socrate demandait simplement aux dieux de lui accorder ce qui est bon, attendu que les dieux connaissent mieux que personne quelles sont les choses bonnes.

La terre répond avec générosité et justice aux peines de ceux qui en prennent soin.

55.

Lysimaque dit à Philippidas : quel bien te donnerai-je de ce qui m'appartient ? celui que tu voudras, répondit l'autre, excepté tes secrets.

Notre ville a fait part aux autres des biens qu'elle a reçus.

Je veux te montrer le tombeau d'Achille.

Périclès, sur le point de mourir, s'estimait heureux de n'avoir fait prendre le deuil à personne.

Si donc, après avoir suffisamment soigné notre intelligence, nous lui donnions le soin d'examiner ce qui concerne le corps, ne ferions-nous pas bien?

56.

Lequel de vous deux est un dieu?

Quelle terre quittais-tu, quand tu es venu chercher l'hospitalité dans cette ville?

Nous ne savons pas quel est ton père.

Vous savez vous-même de quel prix est dans les maladies une femme attentive auprès de son époux.

Vous a-t-on chagrinés dans les enfers? Quelqu'un te commande-t-il? — Ce pédagogue. — Est-il esclave? — Sans doute, il nous appartient.

SYNTAXE DES PARTICIPES.

Les deux corps d'infanterie commencent l'attaque; les barbares, baissant leurs longues piques, serrent leurs rangs et leurs boucliers pour conserver leur ordre de bataille; mais les Romains, jetant leurs javelots et prenant leurs épées, écartent les piques afin de joindre plus tôt l'ennemi corps à corps.

57.

Sylla ayant commencé à faire couler le sang, ne mit plus de bornes à sa cruauté, remplissant la ville de meurtres. Une foule de citoyens qui n'avaient rien à démêler avec lui, étant victimes de haines particulières et sacrifiés au ressentiment de ses amis qu'il voulait obliger, un jeune Romain, nommé Caïus Métellus, osa lui demander en plein sénat quel serait le terme de tant de maux, et jusqu'où il se proposait de les pousser, afin qu'on sût au moins quand on n'aurait plus à en craindre de nouveaux. Nous ne vous demandons pas, ajouta-t-il, de sauver ceux que vous avez destinés à la mort, mais de tirer de l'incertitude ceux que vous avez résolu de sauver. Sylla lui ayant répondu qu'il ne savait pas encore ceux qu'il laisserait vivre : Eh bien ! reprit Métellus, déclarez-nous donc quels sont ceux que vous voulez sacrifier. C'est aussi ce que je ferai, repartit Sylla.

58.

Toute science séparée de la justice et de la vertu, est une industrie malfaisante, et non un véritable savoir.

Procné, ayant appris ce qui était arrivé à Philomèle, tua Itys.

Diogène ayant été interrogé par quelqu'un sur ce qu'il pensait de Socrate, répondit: Je crois qu'il est fou.

Pour moi je pense que Dieu leur accordant à tous deux ou de vivre toute leur vie, comme ils voyaient vivre Socrate, ou de mourir, ils auraient tous deux préféré la mort.

Ce que vous dites, moi étant présent, pensez-le en mon absence.

Une goutte d'eau tombant sans cesse creuse la pierre.

Parmi les femmes, Libye ayant régné la première, donna, dit-on, son nom à une contrée.

NOMS DE MATIÈRE, DE MESURE, DE DISTANCE ET D'ESPACE, D'INSTRUMENT, DE CAUSE, DE MANIÈRE, DE PRIX, DE VALEUR, ET DE TEMPS.

59.

Par la rosée du ciel fleurit le narcisse, antique couronne des deux grandes déesses.

Ctésias dit que dans l'Inde les moutons ont la queue large d'une coudée.

La mollaine fait mourir les poissons.

Les Mégariens ayant frotté des porcs avec de la poix froide, leur mirent le feu sous le ventre, et les lâchèrent sur leurs ennemis.

Les lions vivent durant longues années.

Il est des vaches qui vivent vingt ans et davantage.

Quelques abeilles vivent même sept ans.

Quelques anguilles vivent jusqu'à huit ans.

Les petits du dauphin croissent rapidement : car en dix ans ils atteignent leur juste grandeur.

60.

Le ramier vit, dit-on, quarante ans ; et la perdrix en vit plus de seize.

Solon florissait vers la quarante-sixième Olympiade, dans la troisième année de laquelle il fut archonte à Athènes.

Les Troyens se répandent à grands cris dans la plaine.

Les chiens sont travaillés par trois maladies.

Quoi que vous deviez dire, réfléchissez-y auparavant avec attention.

O héros, qui l'emportez sur tous les autres en amitié et en courage, salut, petit-fils d'Eaque, et vous, fils de Ménétius.

Il est difficile, ô Phanias, de détruire en peu de temps une ancienne habitude.

Les jumens de Diomède étaient, à cause de leur force, attachées par des chaînes de fer?

61.

Les Athéniens, les premiers de tous les peuples, ont, par leurs sacrifices, honoré Hercule comme un dieu.

Vers l'époque de Troie, la plus grande partie de la terre fut civilisée par l'agriculture et par la fondation des villes.

Le peuple donna à Horatius Coclès sur les propriétés de l'état, autant de terre qu'il en labourerait en un jour avec un attelage de bœufs.

Diogène, après s'être frotté les pieds avec des parfums, dit que de la tête, l'odeur se perd dans les airs, tandis que des pieds elle monte à l'odorat.

Je puis pour mille drachmes acheter un esclave.

Apicius envoya à Trajan des huîtres fraîches qu'il avait conservées par un certain moyen.

62.

Le peuple d'Athènes, après la destruction de sa

ville par Xerxès, dans peu de temps vainquit ce prince.

Archélaüs, roi de Macédoine, blessé involontairement par Cratère dans une partie de chasse, perdit la vie après un règne de sept ans.

On dit qu'à la chasse, Atalante, altérée frappa le rocher de sa lance et fit jaillir l'eau.

Jupiter irrité te frappera de sa foudre enfumée.

Si d'un commun accord, nous ne les repoussons pas, ils nous vaincront sans peine, parce que nous sommes divisés.

La plupart sont morts de maladie.

63.

Homère l'emporte sur tous les hommes qui l'ont devancé et sur tous ceux qui l'ont suivi, non-seulement par son talent poétique, mais presque aussi par son expérience de la vie politique.

Cléomène se tua d'un coup d'épée.

Platon ayant levé son bâton sur son esclave, resta long-temps dans cette position, comme pour châtier sa propre colère.

Foule aux pieds le peuple inconstant, frappe-le d'un aiguillon acéré, et impose-lui un joug pesant.

Ce serait une injustice si, lorsque, pour les anciens délits d'une tutelle, la loi ne donne pas action aux pupilles, au-delà de cinq ans, contre les tuteurs avec lesquels ils ne se sont pas accommodés, vous pouviez, la vingtième année, avoir action contre nous, les descendans de vos tuteurs, pour les objets mêmes sur lesquels vous avez fait un accommodement avec eux.

THÈMES GRECS.

NOMS DE LIEU.

64.

A Damas se trouvait un disciple appelé Ananias, et dans une vision le Seigneur lui dit : Ananias !

Pâris fait paître ses troupeaux sur le Gargare au mont Ida.

La gourmandise n'a point de bornes chez les hommes.

Le tombeau d'Acrisius est dans le temple de Minerve, dans Larisse, citadelle d'Argos.

L'aspic se trouve en Libye.

Le sang se trouve dans les veines, et la moëlle, dans les os.

Il faut que les sages vivent dans l'espérance.

Certains oiseaux habitent dans les montagnes et dans les forêts.

Solon alla en Egypte chez Amasis, et à Sardes chez Crésus.

65.

Les Ioniens et les Eoliens envoyèrent des ambassadeurs à Sardes chez Cyrus.

Tu arriveras dans l'île aux trois promontoires.

Les Ichtyophages font rôtir des poissons dans les fours.

En Libye, il n'y a ni sanglier, ni cerf, ni chèvre sauvage.

Les ibis sont de deux sortes en Egypte.

Les guêpes naissent principalement dans les chaleurs sèches et dans les régions escarpées.

L'abeille trouve naturellement le miel le plus doux

et le plus utile dans les fleurs les plus âpres et dans les buissons les plus couverts d'épines.

66.

Il y a deux veines dans la poitrine.

Alexandre, s'étant emparé de Suse, trouva dans la maison du roi quarante mille talens d'argent, et d'autres objets travaillés pour une valeur immense.

Il n'y a dans l'Inde, à ce que rapporte Ctésias, qui n'est pas digne de foi, ni porc privé, ni porc sauvage.

Socrate allait de bonne heure aux promenades et dans les gymnases.

Apollon devint mercenaire chez Admète, en Thessalie, et chez Laomédon, en Phrygie.

Je suis cet Annibal qui marcha vers Rome elle-même.

La plaine dans laquelle ils campèrent est de là appelée Troie.

Il n'est pas permis aux étrangers de vivre à Sparte.

67.

Jupiter précipita du ciel Vulcain qui secourait Junon enchaînée.

Astérie changée en caille se précipita dans la mer.

Alexandre s'élance du rempart dans la citadelle, frappe de son épée et tue ceux qui viennent l'attaquer.

Jupiter, on dit que tu es né sur le mont Ida.

Danaüs fuyant d'Egypte s'empara d'Argos.

N'as-tu pas entendu dire que Xerxès faisant passer son armée de terre par la mer, la traversa lui-même sur son char?

SYNTAXE DES ADVERBES ET DES CONJONCTIONS.

68.

La colère est un mal terrible et difficile à guérir, quand des amis sont en querelle.

L'or d'un ami ignorant est sans utilité, s'il ne se trouve pas en même temps posséder la vertu.

Le temps nous manquerait, si nous énumérions toutes ses actions.

Timoléon de Corinthe, puisqu'il ne pouvait détourner son frère de la tyrannie ni par ses conseils ni par ses prières, se mit du côté de ceux qui voulaient le faire périr.

Les discours des philosophes, s'ils se gravent profondément dans les ames des souverains et des hommes d'état, et qu'ils les dominent, prennent force de lois.

La guerre, comme un torrent, entraînant et ravageant tout, n'est impuissante que contre la science.

69.

Si vous prenez pour vos affaires le temps convenable, vous réussirez et vous viendrez à bout de tout.

Fais tes efforts pour que ton corps soit ami du travail, et que ton ame aime la sagesse, afin que par l'un tu puisses exécuter tes résolutions, et que par l'autre tu saches prévoir les choses utiles.

Lycurgue rendit à Sparte les sacrifices très-peu coûteux, afin que les citoyens pussent toujours et facilement honorer les dieux avec ce qui se trouvait sous la main.

Lorsque je montai sur le trône.

Conon mourut sans enfans, après avoir été malade très-peu de temps. Il avait vécu un grand nombre d'années, et était très-vieux quand il mourut.

La Salamandre, comme on dit, marche à travers le feu, et l'éteint.

70.

Le temps éprouve les amis, de même que le feu éprouve l'or.

Quelques-uns soignent certains arbres à cause de leurs fruits.

Pourquoi éprouver de la répugnance à faire une chose pour laquelle je suis né?

Maintenant tu me montreras si tu disais la vérité quand tu prétendais me voir avec plaisir.

Pour quel motif des sages mentiraient-ils?

Tous saluèrent Araspe, et lui présentèrent la main. Cyrus trouvant qu'il y en avait assez: Araspe, lui dit-il, raconte-nous ce qu'il est à propos que nous sachions.

L'aigle vole haut, pour embrasser de la vue un champ plus considérable.

CHAPITRE SUPPLÉMENTAIRE.

71.

L'art qui s'occupe de la guérison de l'ame est le plus grand de tous les arts.

La femme de Pythagore s'appelait Théano.

La vie n'est pas réellement une vie, mais un malheur.

Ménélas, fils d'Atrée, était gendre de Tyndare.

Les faons, les pygargues et les lièvres sont timides.

Dion, fils d'Hipparinus, renversa la tyrannie de Denys.

L'ambition seule ne vieillit pas.

Attendez la mort avec calme.

On méprise la folie.

Les chiens de l'Inde sont forts.

Tout l'or qui est sur la terre et dans la terre ne vaut pas la vertu.

Le silence à propos est sage.

72.

Les barbares s'avancent en désordre et avec grand tumulte, conformément à la manière des grues.

A Athènes, les trois Grâces sont devant l'entrée de la citadelle.

La place a été divisée en quatre parties.

L'esprit est dans toute sa vigueur jusqu'à quarante-neuf ans.

Les fèves sont sacrées, et leur nature est admirable.

Pensez toujours de même sur les mêmes choses.

Le plaisir honnête est un bien ; contraire à l'honnêteté, il devient un mal.

La science est de nos biens le seul immortel et divin.

73.

Quoique vous soyez seul, ne dites rien, ne faites rien de mal.

Si nous voulons examiner attentivement la nature humaine, nous trouverons que ce ne sont ni les alimens les plus sains, ni les exercices les plus honnêtes, ni les connaissances les plus utiles, qui plaisent le plus à la plupart des hommes.

Les devins ont prédit la mort de beaucoup d'hommes ; ensuite ils ont subi eux-mêmes leur destinée.

Fiez-vous à nous, si vous voulez être sages.

Celui qui a bien cultivé un champ, ne sait pas qui en recueillera le fruit ; celui qui a construit avec soin une maison, ne sait pas qui l'habitera.

Il est quelques oiseaux qui vivent sur les bords de la mer.

Tout-puissant Jupiter, tourne ce trait contre nos ennemis.

Achille, par un seul cri, mit les Troyens en fuite, avant d'avoir été vu.

Philippe demanda à la Pythie s'il vaincrait le roi de Perse.

A l'âge de quatre ans, à cause de l'exil de mon père, je courus le danger de perdre la vie.

QUE RETRANCHÉ.

74.

Nicandre dit que la peau de l'amphisbène mise autour d'un bâton chasse tous les serpens.

Les Thessaliens, les Illyriens et les habitans de Lemnos croient que les geais sont des animaux bienfaisans.

On dit que Icare, père de Pénélope, proposa aux prétendans de sa fille le combat de la course.

Aristote dit que le pays des Astypalæens est nuisible aux serpens.

Diogène disait que les hommes de bien sont les images des dieux.

Malgré eux ils conviennent qu'il n'y a qu'un Dieu.

O Socrate, je croyais que ceux qui étudient la philosophie, devaient devenir plus heureux ; mais vous me paraissez avoir retiré de la sagesse un résultat tout opposé.

75.

Homère dit que Pluton fut percé d'une flèche par Hercule.

On dit qu'Anubis et Macédon, fils d'Osiris, firent la guerre avec leur père.

Croyez qu'il y a autant de honte à se laisser vaincre par les méchancetés de ses ennemis, qu'à se laisser surpasser par les bienfaits de ses amis.

Socrate, offrant de faibles présens selon ses faibles moyens, pensait qu'il ne le cédait en rien à ceux qui offrent des présens nombreux et considérables parce qu'ils sont riches.

Socrate lui dit: vous me paraissez, ô Antiphon, trouver ma vie si misérable, que je suis persuadé que vous aimeriez mieux mourir que de vivre comme moi.

César était persuadé que la fortune l'accompagnait.

La Sibylle dit que le temple d'Isis et de Sérapis, en Egypte, sera renversé et brûlé.

76.

On dit qu'il est écrit sur la colonne d'Osiris: Saturne est mon père; je suis Osiris, le roi.

Diogène disait qu'il faut tendre la main à ses amis, sans fermer les doigts.

Les traditions Achéennes rapportent que Jupiter lui-même prit la figure d'une colombe.

Ils pensèrent qu'il valait mieux pour eux de quitter leur patrie, que de voir leurs concitoyens asservis.

On dit que les corroyeurs habitués à un air corrompu, n'aiment pas les parfums.

On dit que Démosthène, étant encore jeune, couchait sur un lit étroit afin de se lever plus promptement.

Croyez que vous donnerez à vos enfans la fortune la plus grande et la plus solide, si vous pouvez leur laisser ma bienveillance.

QUE EXPRIMÉ PAR ὅτι.

77.

Carnéade disait que les enfans des riches et des rois apprennent seulement à monter à cheval, et qu'ils n'apprennent bien rien autre chose.

Etant jeune, songez que vous serez vieux un jour.

Elle me prédit que le temps de la fuite et du malheur ne serait pas long pour moi.

Il est évident que Socrate n'aurait pas prédit, s'il n'avait cru dire la vérité.

Il est constant qu'Alexandre, du côté de son père, descendait d'Hercule par Caranus.

On disait généralement que Socrate prétendait recevoir des instructions de la divinité.

78

Sachez bien qu'ils vous suivront et qu'ils s'efforceront de vous imiter.

Alexandre ayant envoyé à Phocion un présent de cent talens, celui-ci demanda à ceux qui les avaient apportés, pourquoi, parmi tant d'Athéniens, il faisait ce présent à lui seul. Les envoyés répondirent que c'était parce qu'Alexandre le regardait seul comme honnête et vertueux.

Tu sais qu'il ne faut blesser ni les bons poètes, ni les écrivains habiles.

Je sais que tout le monde a coutume de savoir plus de gré des éloges que des conseils.

Un mauvais peintre ayant montré un tableau à Apelle, lui dit : je viens de le faire à l'instant même. Quand vous ne me l'auriez pas dit, lui répondit Apelle, j'aurais vu qu'il a été fait en peu de temps.

79.

Lorsque quelqu'un se vante de comprendre et de pouvoir interpréter les livres de Chrysippe, dites en vous-même, que si Chrysippe n'avait pas écrit d'une manière inintelligible, cet homme n'aurait pas lieu de se vanter.

On dit et l'on dira avec raison que ce qui est utile, est beau, et que ce qui est nuisible, est hideux.

Tous savent qu'ils doivent mourir.

Ceux à qui la fièvre fait éprouver le besoin de boire, se réjouissent en se rappelant qu'ils ont bu, et en espérant de boire encore,

Il sait que ceux qui sont le mieux préparés à faire la guerre, peuvent mieux que personne vivre en paix.

80.

Quand vous allez chez quelque homme puissant, pensez d'avance que vous ne le trouverez pas chez lui, que vous ne serez pas admis en sa présence, que l'on vous fermera la porte sans ménagement, et qu'il ne fera nullement attention à vous.

Sachez que si votre ami est corrompu, il faut nécessairement que celui qui le fréquente soit corrompu.

Il a été prouvé depuis long-temps que nous sommes nés pour la société.

Ils envoient quelques-uns de leurs affidés pour annoncer que Commode est mort.

Ne te semble-t-il pas qu'il t'a été suffisamment prouvé qu'il ne faut pas respecter toutes les opinions des hommes?

Ils n'osèrent pas se présenter ni dire que vous les aviez trompés.

La fable dit qu'un oracle annonça à Æétes qu'il cesserait de vivre, lorsque des étrangers, venus par mer, lui enleveraient la toison d'or.

RÈGLES

qui suivent le *que* exprimé par ὅτι, jusqu'à celles des ADVERBES, Chapitre quatrième.

81.

On sacrifie un homme à Saturne.

En Cilicie on tond les chèvres, comme les brebis chez les autres peuples.

La mère de Cléobis et de Biton priait la déesse de donner à ses fils ce qu'il y a de mieux à obtenir pour l'homme.

On prend les poissons surtout avant le lever et après le coucher du soleil.

La divine Latone se réjouit d'avoir donné le jour à un fils puissant.

On honore l'homme riche, et l'on méprise le pauvre.

Sans l'ordre du destin, on ne peut être ni riche, ni pauvre, ni pervers, ni vertueux.

82.

Il faut supporter avec courage ce qui vient des dieux.

Priez les dieux que le temps vous soit toujours favorable.

L'Inde produit, dit-on, des chevaux à une corne; la même contrée nourrit des ânes qui ont aussi une corne.

On connaît l'âge des chiens par les dents.

Parmi les yeux, les uns, sont grands, les autres sont petits.

Il importe peu si ce sera dans cent ans, dans deux cents ans, ou dans un temps infini qu'on reverra les mêmes objets.

Des deux écueils, le premier s'élève jusqu'au vaste ciel.

On dit que l'éléphant vit trois cents ans.

83.

Les vieillards sont compatissans, mais non par le même motif que les jeunes-gens : les uns le sont par humanité, les autres, à cause de leur faiblesse.

Quiconque boit outre mesure, n'est plus maître ni de sa langue, ni de son esprit.

Aucun prophète n'est bien reçu dans sa patrie.

On n'est point envieux de ceux qui n'existent plus depuis long-temps.

Il a été un temps où j'étais tel que vous aujourd'hui.

Ni l'une ni l'autre de ces deux choses, ni une véritable science, ni une raison droite, n'est accordée aux hommes par la nature.

N'ai-je été créé que pour me tenir bien chaudement dans mon lit?

84.

Lorsque vous faites quelque chose de juste, ayez bonne espérance.

Les Aréopagites jugent de nuit et dans les ténèbres, afin de ne pas faire attention à ceux qui parlent, mais aux choses qu'on dit.

Cet accident peut-il vous empêcher d'être juste?

Faites surtout en sorte de rendre votre autorité agréable.

Nous n'avons pas défendu de boire dans l'albâtre.

Lequel des deux aimeriez-vous mieux, de vivre dans le déshonneur, ou de mourir glorieusement?

Agésilas conseillait à Xénophon de faire élever ses enfans à Lacédémone.

Qui que vous soyez, vous qui voulez être séparé des esclaves, délivrez-vous vous-même de l'esclavage.

85.

Lequel des deux fera plus facilement la guerre, de celui qui ne peut vivre sans un grand luxe, ou de celui qui est content de ce qu'il a?

On n'aime pas celui que l'on craint.

Agésilas en mourant recommanda à ceux qui l'entouraient, de ne faire aucune statue, aucun portrait de lui.

Notre maître nous ordonne de ne manger que pour vivre.

Ne doutez pas qu'ils ne vous suivent et ne cherchent à vous imiter.

Une maison étant vieille et près de tomber en ruine, les souris s'en aperçoivent les premières et changent de logement.

Les uns sèment, les autres moissonneront.

86.

Il faut que vous soyez à l'égard des autres, tels que vous voulez que je sois envers vous.

Ils ne seraient jamais ni amis, ni unis les uns aux autres.

Regardez comme une chose étrange que de simples particuliers s'exposent à mourir afin d'être loués après leur mort, et que des rois n'aient pas le courage de faire des actions qui doivent les honorer pendant leur vie.

Pythagore recommandait à ses disciples de faire peu de sermens, mais d'être fidèles à ceux qu'ils auraient faits.

Prendrions-nous la fuite afin de ne pas combattre?

87.

Les mêmes lois n'ont-elles pas été faites pour tous?

Il avait été ordonné à tous les Egyptiens de déclarer aux magistrats par quels moyens ils se procuraient les choses nécessaires à la vie.

Aucun homme n'a été condamné d'après son silence ou sur son aveu; mais, selon moi, lorsqu'il a été convaincu de ne rien dire de vrai, alors on connaît qui il est.

Il envoya à Ecbatane des hommes pour faire périr son père (de Philotas) comme complice de la conspiration.

L'un a été destiné par la nature à une chose, l'autre, à une autre.

Les hommes ont inventé deux arts pour le bien-être du corps, la médecine et la gymnastique: la première procure la santé, la seconde, une bonne constitution.

88.

Il est contre nature de se nuire les uns aux autres.

Eurysthée ordonna à Hercule d'enlever les génisses nourries à Érythie.

Honorant vos parents, espérez que vous serez heureux.

Aux Thermopyles, Léonidas recommanda à ses soldats de dîner comme devant souper dans les enfers.

Par de tels exercices tu deviendras promptement tel, que nous pensons devoir être l'homme capable de bien gouverner.

La faculté nous ayant été donnée de nous persuader les uns les autres, nous nous sommes réunis et nous avons bâti des villes.

Je crains que mes filles, en se revêtant de ces robes, ne me paraissent laides.

89.

Quelqu'un ayant demandé à Aristippe quel salaire il exigerait pour l'éducation de son fils : mille drachmes, répondit-il.

Exercez-vous par des travaux volontaires, afin de pouvoir supporter ceux auxquels vous serez soumis malgré vous.

Ils le fréquentaient, non afin de devenir bons orateurs et habiles jurisconsultes, mais sages et vertueux.

Mais si vous apprenez qui je suis, je ne doute pas que vous ne me maltraitiez.

Chéréphon et Chérécrate étaient deux frères, dans des dispositions semblables à celles des deux mains, qui, créées par Dieu pour se secourir l'une l'autre, renonceraient à ce devoir, et ne chercheraient qu'à se nuire l'une à l'autre.

Un jour viendra où il ne restera pas pierre sur pierre, qui ne soit détruite.

90.

Afin que le navire sillonne rapidement l'eau salée de la mer.

Près de l'un des deux pieds du lit, se trouvait une pièce à trois lits où étaient trois mille talens d'argent.

Il est impossible que cette opinion ne soit pas contestée, jusqu'à ce qu'elle soit enracinée parmi nous.

Comme ils ne pouvaient trouver le tombeau d'Oreste, ils envoyèrent de nouveau, vers le dieu, des hommes chargés de demander en quel lieu reposaient les restes de ce héros.

Sévère voulant éloigner ses fils de Rome, afin qu'ils passassent sagement leur jeunesse au milieu de la vie des camps, loin des plaisirs et des distractions de Rome, ordonna l'expédition contre la Bretagne.

Afin de ne pas faire la guerre comme un homme qui fuit.

91.

L'une d'elles (des deux grenouilles) conseillait de sauter dans le puits; mais, dit l'autre, s'il vient aussi à se dessécher, comment pourrons-nous remonter?

Plût à Dieu que vous devinssiez tels que je suis!

Comme ils s'enfuirent l'un d'un côté, l'autre de l'autre, les ennemis les poursuivant aussi l'un d'un côté, l'autre de l'autre, tuèrent un grand nombre d'hommes.

D'autres périrent, dispersés dans la ville, les uns d'un côté, les autres d'un autre.

Les abeilles gardent le silence le matin, jusqu'à ce que l'une d'elles les éveille par deux ou trois bourdonnemens.

Il importe peu que les fruits de la terre soient submergés, ou qu'ils périssent de sècheresse et par le manque d'eau.

92.

Ils doutaient qu'il fût au nombre des morts.

Afin que les Perses apprennent qu'ils sont commandés par un homme.

Ils attendent qu'ils soient submergés, afin de ne pas paraître craindre et fuir la mort.

Alcibiade étant venu frapper à la porte de Périclès, et ayant appris qu'il n'avait pas le temps de le recevoir parce qu'il travaillait pour rendre ses comptes aux Athéniens: ne ferait-il pas mieux, dit-il, de travailler pour ne pas les rendre?

Tu vois combien je me fais d'ennemis à cause de ma profession, et combien je m'expose.

Epaminondas craignit que les Péloponésiens ne se réunissent pour la défense de Sparte.

Depuis les Adverbes inclusivement jusqu'à la fin de la Méthode.

93.

Les poètes ne sont que les interprètes des dieux.

O malheureuse Hélène, les Atrides et leurs enfans ont une grande lutte à soutenir pour toi et pour ton hymen.

Ne manquez pas de rendre votre autorité agréable.

L'oligarchie et les autres gouvernemens qui ont le plus de durée, sont ceux qui ont le plus de ménagement pour la multitude.

Les Arginuses se trouvent près du bout du cap Malée, vis-à-vis de Mitylène.

Les prières sont plutôt les filles de Thersite que de Jupiter.

Le hochequeue est un peu plus grand que le pinson.

N'estimez pas plus vos enfans, la vie, ni quoi que ce soit, que la justice.

Il pensait qu'en amitié la nature est beaucoup plus puissante que la loi, le caractère, que la naissance, le choix, que la nécessité.

Il faut faire le plus grand cas de la justice.

94.

Je ne le hais pas autant que je m'aime moi-même.

Jupiter ne produisit que Minerve de son cerveau.

Ils fuient tant la vérité dans les affaires, qu'ils ne connaissent pas même les leurs.

Si vous comprenez bien ce que je vous dis, vous serez sages et heureux.

Les lois des Perses, prenant les choses dans leur principe, ont soin que les citoyens ne soient pas hommes à faire des actions coupables et honteuses.

Les Lacédémoniens envoient Charmidas pour faire cesser les dissensions des Crétois.

Ne rendez point votre jugement, que vous n'ayez entendu les raisons des deux parties.

95.

Ils voudraient que ceux qui gouvernent avant eux ou après eux, administrassent la république le plus mal qu'ils pourraient, pour acquérir eux-mêmes la plus grande gloire possible.

Les Crétois percent les chèvres qui paissent sur le sommet des montagnes.

Je suis cet Annibal qui, après la bataille de Cannes, marcha contre Rome.

Je voudrais, disait Philippe en plaisantant, abandonner Amphipolis aux Athéniens, pour l'éloquence de Démosthènes.

Comme, si le soleil n'existait pas, tout serait nuit pour les autres astres ; de même, si nous ne connaissions pas le Verbe, (*c'est un chrétien qui parle*) et si nous n'étions pas éclairés par lui, nous ne serions pas différens des oiseaux domestiques, qu'on engraisse dans les ténèbres et qu'on nourrit pour la mort.

Celui qui juge mal au sujet de ses propres affaires, sera un mauvais conseiller pour celles des autres.

96.

Nous cesserons d'accuser les événemens et de les voir de mauvais œil, si nous voyons d'autres hommes les accueillir sans chagrin et même avec gaîté.

Ce n'est pas pour les choses elles-mêmes que nous agissons dans la plupart des actions de notre vie, mais nous travaillons pour les suites.

Plus on rend ses amis puissans, plus on devient puissant soi-même.

Faites ce que vous trouverez bien, quoiqu'après l'avoir fait, vous ne deviez en retirer aucune gloire.

Si vous avez de la force, montrez-vous plein de douceur, afin d'inspirer le respect plutôt que la crainte.

97.

Que ce soit pour vous une preuve que vous gouvernez sagement, si vous voyez ceux qui vous sont soumis, devenir par vos soins plus riches et plus sages.

Vous vous feriez surtout estimer, si l'on ne vous voyait point faire ce que vous blâmeriez chez les autres.

Le peintre Nicias était si laborieux, qu'il demandait souvent à ses serviteurs s'il s'était baigné et s'il avait dîné.

Cadmus alla à Thèbes pour disputer la royauté.

Pensez continuellement combien de médecins sont morts.

98.

Puisque je dois donner un avis pour le salut de tous les Grecs, à qui dois-je plutôt m'adresser, qu'à celui qui occupe le premier rang.

Si vous traitez vos amis, et que tout soit prêt, au milieu des gâteaux, négligez les mets vils et communs.

Que de choses le temps n'a-t-il pas déjà ensevelies.

Platon, étant sur le point de disputer le prix de la tragédie, brûla son ouvrage, après avoir entendu Socrate.

Si le monstre engloutissait de nouveau l'onde amère, tout l'intérieur paraissait bouillonnant.

99.

Bientôt quand vous serez mort, vous aurez autant de terre qu'il en faut à votre corps pour être enseveli.

Ganymède fut enlevé par les dieux pour verser à boire à Jupiter.

Le soleil, dans notre intérêt, se tient tellement dans des limites justes et convenables, que, s'il s'approchait un peu plus, il brûlerait tout, et que, s'il s'éloignait un peu, tout serait glacé.

Darius ne passa point en Europe, sans s'être emparé de l'Egypte.

Les abeilles ne craignent pas autant le froid que la grande pluie et la neige.

Que ne laissez-vous de côté les choses de cette nature?

100.

Plus on sert de choses au-delà du nécessaire, plus la satiété se fait promptement sentir.

Thésée fut si éloigné d'agir en quelque chose contre le gré des citoyens, qu'il forma le projet de remettre l'autorité au peuple.

Il n'est pas facile qu'une république aussi bien établie soit ébranlée; mais comme la destruction atteint tout ce qui naît, une telle constitution ne dure pas toujours.

Critias et Alcibiade, tant qu'ils vécurent avec Socrate, purent dominer leurs désirs déréglés.

Si vous persévérez dans l'étude de la sagesse, et

que vous profitiez toujours autant que maintenant, vous deviendrez bientôt tel qu'il convient que vous soyez.

101.

Je suis si éloigné de désirer le bien d'autrui, que j'ai même refusé les pays que l'on m'offrait.

Je vous ordonne d'aller aussi loin que vous pourrez de Rome.

Les Pythagoriciens, si dans la colère ils s'emportaient jusqu'aux injures, avant que le soleil se couchât, s'embrassaient et se réconciliaient.

Que de larmes ne verserai-je pas?

Nous savons tous que plus nous lui laisserons faire de progrès, plus nous aurons en lui un ennemi puissant et redoutable.

102.

Denys le tyran, irrité contre Platon, le donna au Lacédémonien Polis, pour le vendre.

Dès qu'Euctémon fut mort, Androclès et Alcé en vinrent à un tel point d'audace, qu'ils gardèrent le corps dans l'intérieur de la maison, et retinrent les esclaves.

Le temps pour l'aigle de chasser et de voler, est depuis l'heure du dîner jusqu'au soir.

A peine toute la nation des Germains eut-elle appris la mort de Julien, qu'elle se précipita sur toutes les contrées soumises à l'empire Romain.

103.

Le bonheur cause d'autant plus de joie, qu'on a eu plus de mal avant d'y arriver.

Ils n'eurent pas la force de se présenter.

Les rois de Perse en vinrent à un tel point de luxe, qu'ils avaient à la tête du lit royal une salle à cinq lits où se trouvaient cinq mille talens en or.

Pour moi, j'aimerais mieux mourir que de vous donner un tel conseil.

Toxaris mourut à Athènes, sans plus retourner en Scythie.

Alexandre étant près de livrer la bataille sur les bords du Granique, exhorta les Macédoniens à bien souper sans rien épargner, comme devant souper le lendemain du butin fait sur les ennemis.

104.

Çà donc, écoute ce qu'il vient de me demander.

Aimez mieux avoir une bonne réputation que d'être riche.

Anacharsis ne faisait que de débarquer, quand un génie tutélaire se présenta à lui.

Tant son long séjour (à Athènes) l'avait changé ! Que tardez-vous ?

J'ai eu de la peine à trouver ma ceinture dans l'obscurité.

Je souffre en entendant cela, et je ne laisse pas de le supporter.

Les Dardaniens ne se baignent que trois fois dans leur vie; quand ils naissent, quand ils se marient, et quand ils meurent.

Il ne faisait que pleurer.

105.

Les Sybarites ne laissent pas exercer dans leur ville les professions bruyantes.

Presque tous les insectes se cachent, à moins qu'on n'en excepte ceux qui habitent avec l'homme dans les maisons et ceux qui périssent avant de voir la révolution de l'année.

O fâcheuses cigales ! elles ne la laisseront pas dormir.

Sévère fit préparer tout ce qui devait être utile à l'armée Romaine, et gêner ou empêcher l'attaque des barbares.

Après la bataille, les Arcadiens fondèrent la ville appelée Mégalopolis.

S'il nous arrivait d'être plus inutiles et plus méchans que nos adversaires, nous ne devrions pas pour cela nous battre, nous insulter.

106.

Après ce salut du maître vous devenez un objet de jalousie pour ses anciens amis, dont quelques-uns sont déjà irrités contre vous à cause de la place où l'on vous a fait asseoir, disant qu'arrivé de ce jour vous l'emportez déjà sur eux qui ont épuisé tous les désagrémens d'une longue servitude. Voici donc les discours qu'ils tiennent aussitôt sur votre compte : Il ne manquait plus à nos maux, dit l'un, que d'être mis après ceux qui ne font que d'entrer dans cette maison. La ville des Romains n'est plus ouverte aujourd'hui qu'à ces Grecs. Et pourquoi nous sont-ils préférés ? Parce qu'ils savent débiter quelques misérables discours, ne pensent-ils pas avoir un talent fort utile ? Avez-vous remarqué, dit un autre, combien il a bu, comme il s'est emparé de tout ce qu'on a servi devant lui, comme il l'a dévoré ? C'est un homme grossier, un affamé, qui jamais n'a mangé de pain blanc, même en songe, qui jamais n'a goûté de l'oiseau du Phase ou de la poule de Numidie, dont il a eu de la peine à nous laisser les os.

107.

J'ai souvent été surpris que les instituteurs des jeux solennels et des assemblées de la Grèce, aient jugé digne de si grandes récompenses la bonne constitution du corps, et n'en aient distribué aucune à ces hommes qui ont travaillé en leur particulier à l'intérêt général, et qui ont cultivé leur esprit de manière à se rendre utiles aux autres : c'est de ceux-ci pourtant qu'ils devaient s'occuper de préférence.

Je sais que Thimbron, avec un peu plus de troupes, a ravagé la Lydie entière, et que peu s'en fallut qu'Agésilas, avec l'armée de Cyrus, ne s'emparât de presque tout le pays en deçà du fleuve Halys.

108.

Pour le dire en un mot, n'a-t-il pas suffi de leur faire la guerre pour avoir droit à leurs bienfaits ?

Plus nos chefs manquent de grandes vues, plus nous devons nous appliquer à trouver des remèdes aux divisions qui nous déchirent.

Ils furent obligés de combattre en petit nombre contre une multitude d'ennemis, au lieu de passer les premiers en Asie avec toutes les forces de la Grèce, et soumettre successivement tous les peuples qu'elle renferme.

RÉCAPITULATION GÉNÉRALE.

109.

Nous nous trouvâmes, en nous promenant, dans le temple consacré à Saturne. Il s'y trouvait un grand nombre de présens offerts au dieu. Devant le temple était un tableau extraordinaire représentant un sujet que nous ne pouvions comprendre. Il ne nous paraissait être ni une ville, ni un camp, mais plutôt une enceinte qui en renfermait deux autres, l'une plus grande, l'autre plus resserrée. A la première enceinte se trouvait une porte, près de laquelle une foule considérable nous paraissait se presser. En dedans de l'enceinte, on voyait une multitude de femmes ; à l'entrée du premier vestibule était debout un vieillard paraissant donner quelques conseils à la foule qui entrait.

110.

Comme nous ne savions ce que cet ensemble pouvait signifier, et que depuis long-temps nous en raisonnions entre nous, un vieillard témoin de notre embarras nous dit: Etrangers, ne soyez pas surpris de l'ignorance où vous êtes au sujet de ce tableau ; parmi les habitans mêmes de ce pays, il n'est pas beaucoup de gens qui sachent ce qu'il représente. Ce n'est point un présent offert par un citoyen. Un étranger vint jadis ici ; il était plein de sagacité et de connaissances ; ses discours et sa manière de vivre annonçaient, en quelque sorte, un émule de

Pythagore et de Parménide : il construisit ce temple, et dédia ce tableau à Saturne. Vous l'avez connu, dis-je au vieillard, vous l'avez vu ? J'ai été long-temps, reprit-il, son admirateur dans ma jeunesse. Il prenait pour sujet de ses discours des points de la plus haute importance.

III.

Je ne me suis pas découragé, et je n'ai pas laissé ralentir mon ardeur par ces réflexions ; mais regardant comme une récompense suffisante la gloire que j'attends de ce discours, je viens conseiller aux peuples de la Grèce de mettre fin à leurs dissensions et de faire la guerre aux barbares. Je n'ignore pas que plusieurs écrivains habiles ont déjà traité le même sujet, mais j'espère différer assez d'eux, pour faire oublier ce qu'ils ont dit. D'ailleurs, ces sujets-là me semblent les plus heureux, qui roulant sur de grands intérêts, procurent le plus de célébrité aux orateurs qui les traitent, et le plus d'utilité aux peuples qui les écoutent : celui-ci est de ce nombre. D'ailleurs les circonstances ne sont pas tellement changées, qu'il soit inutile de reprendre le même objet. Car il faut que l'orateur cesse de parler, lorsque les affaires sont terminées et qu'elles ne demandent plus de délibération, ou lorsque le sujet a été traité de manière à ne rien laisser à dire aux autres. Mais tant que l'état des choses est le même qu'auparavant, et que ce qu'on a dit a eu peu de succès, comment ne pas travailler avec soin à la composition d'un discours qui, s'il produit son effet, nous délivrera des guerres que nous nous faisons les uns aux autres, de nos troubles et de nos maux ?

112.

Je vois que les autres dans leurs exordes se concilient la bienveillance des auditeurs pour les discours qu'ils doivent prononcer, disant, les uns, qu'ils ont eu peu de temps pour se préparer, les autres, qu'il est difficile de trouver des expressions proportionnées à la grandeur des choses; pour moi, si je ne parle pas d'une manière digne du sujet, de ma réputation, du temps que j'ai employé à ce discours et de ma vie entière, je veux qu'on n'ait pour moi aucun égard, mais qu'on me livre au blâme et à la dérision; et certes il n'est rien que je ne mérite, si, après de si magnifiques promesses, je ne diffère point des autres.

113.

Et d'abord, si l'on doit honorer ceux qui ont le plus d'expérience et les forces les plus grandes, nous devons incontestablement recouvrer l'empire que nous avions auparavant. En effet, personne ne pourrait citer une autre république aussi distinguée dans les combats sur terre, que la nôtre s'est signalée sur mer. D'un autre côté, si quelqu'un trouvait mon jugement peu juste, parce que les choses humaines sont sujettes à de nombreux changemens, et voulait que la prééminence, ainsi que toute autre prérogative, appartînt à ceux qui l'ont eue les premiers, ou qui ont rendu aux Grecs les services les plus signalés, ce serait combattre en notre faveur. Car plus nous reculons dans les siècles pour examiner ce double titre de primauté, plus nous laissons derrière nous ceux qui nous le contestent.

114.

Les premières choses dont notre nature eut besoin, c'est notre ville qui les procura. Quoique ce que je vais dire appartienne aux temps fabuleux, je ne dois pas laisser d'en parler. Cérès, après l'enlèvement de sa fille, parcourant le monde, vint dans l'Attique, conçut des sentimens de bienveillance pour nos ancêtres à cause de bons offices qu'on ne peut dévoiler qu'aux initiés, et leur fit les deux plus beaux présens que les hommes puissent recevoir : elle leur donna l'agriculture, qui est cause que nous ne vivons pas comme les brutes, et les initia aux mystères qui, les affranchissant des craintes de la mort, remplissent leur ame des plus douces espérances sur la fin de la vie et sur l'éternité. Notre ville a été non-seulement aimée des dieux, mais encore amie des hommes, à un tel point, qu'elle n'a pas refusé aux autres peuples la participation aux biens qu'elle avait en son pouvoir. Si quelqu'un refusait de croire les faits que nous citons, peu de mots suffiraient pour le convaincre.

115.

Je veux, comme Cébès, vous tracer un tableau de ce genre de vie, afin qu'en le considérant, vous jugiez si vous devez embrasser cette condition. J'aurais bien besoin du pinceau d'un Apelle, de Parrhasius, d'Aétien ou d'Euphanor. Mais puisque il est impossible de trouver un aussi grand maître, un homme aussi habile dans son art, je te présenterai, selon mes facultés, une esquisse légère. Figure-toi donc un portique élevé, doré, sur le sommet d'une colline ; on n'y peut arriver que par un chemin étroit, escarpé, difficile, et si glissant, que souvent ceux qui le gravissent, au moment où ils se flattent d'atteindre à la cime, font un faux pas, le pied leur manque, ils tombent au fond de la vallée. Dans l'intérieur, représente-toi Plutus assis ; il paraît entièrement doré ; sa beauté parfaite attire tous les cœurs. Que celui qui en est amoureux, après avoir eu de la peine à monter, et à s'approcher de la porte du temple, soit frappé d'étonnement à la vue des richesses qui brillent en ce lieu.

116.

L'espérance, au visage riant, revêtue d'une robe éclatante, le prend par la main et le conduit tout étonné dans le sanctuaire. Dès ce moment elle marche toujours devant lui. Deux autres femmes, l'erreur et la servitude, l'ayant reçu de ses mains, le livrent au travail. Celui-ci, après avoir épuisé les forces du malheureux, finit par le livrer à la vieillesse, lorsqu'il a perdu ses couleurs et sa santé. L'outrage vient s'en emparer et l'entraîne vers le désespoir ; dès ce moment, l'espérance disparaît ; on le chasse, non par cette porte d'or qui lui servit d'entrée, mais par une porte secrète et détournée, nu, chargé d'un embonpoint incommode, vieux, et dans l'attitude du désespoir. Le repentir en pleurs vient enfin à sa rencontre ; il ne lui est d'aucune utilité, et ne sert qu'à le rendre plus malheureux. Voilà mon tableau terminé. Mon cher Timoclès, examines-en attentivement tous les détails, et vois s'il te convient d'entrer par la porte dorée et de sortir honteusement par l'autre. Mais, quelque parti que tu prennes, souviens-toi du sage qui dit, qu'il ne faut point accuser Dieu, et que la faute est à celui qui a fait le choix.

117.

Il faut nous familiariser avec les écrits des anciens, afin non-seulement que nous en tirions la matière de nos discours, mais encore que nous nous formions à l'imitation du genre propre à chacun d'eux. Car l'ame du lecteur, par une observation continue, acquiert, comme malgré elle, une ressemblance de caractère.

La ressemblance des discours qu'on a pris pour modèles, s'engendre lorsqu'on cherche à imiter dans chacun des nombreux auteurs ce qui paraît être meilleur, comme si quelqu'un rassemblait, pour ainsi dire, plusieurs ruisseaux en un seul fleuve, afin de désaltérer son ame.

Attachez-vous, non pas à une partie séparée de la poésie d'Homère, mais au corps entier de ses ouvrages. Soyez jaloux d'échanger, à votre profit, au moyen d'une imitation raisonnée, la manière qui lui est propre, pour la description des passions de l'ame, la grandeur des pensées, l'arrangement même des mots. Pour les autres poètes, il faut les imiter dans les parties où ils l'emportent les uns sur les autres.

118.

Hésiode s'est occupé de plaire; il recherche la douceur des expressions et l'harmonie de l'ensemble.

Antimaque a une véhémence soutenue, une rudesse qui approche de la déclamation, et une certaine habitude de changer le sens ordinaire des mots.

Panyasis a pris les qualités de l'un et de l'autre, et l'emporte sur eux par l'exécution et l'heureuse économie du style.

Pindare est à imiter pour les expressions et les pensées, pour la noblesse des sentimens, le rhythme, l'abondance du style, l'ordre, la force, un certain mordant mêlé d'agrément, la concision, pour la gravité, le ton sentencieux, l'énergie, l'emploi des figures, les tableaux de mœurs, l'amplification, l'art de remuer l'ame, surtout quand il s'agit de ces sentimens qui nous portent à la sagesse, à la piété, et aux actions d'éclat.

119.

Remarquez le choix des expressions de Simonide, et l'exactitude de sa composition. Bien plus, on le trouve préférable à Pindare lui-même, pour son talent d'exciter la pitié, non par l'emploi de phrases pompeuses, mais, comme lui, par l'entraînement du style.

Voyez Stésichore orné des avantages qui distinguent chacun des deux précédens, et, qui plus est, possédant les qualités dont ceux-là sont privés : je veux dire la pompe avec laquelle il traite son sujet, en conservant les mœurs particulières et la dignité de ses personnages.

Dans Alcée admirez l'élévation d'ame, la brièveté, l'agrément mêlé à la force, les figures employées avec clarté, autant que le comporte le dialecte dont il se sert, et par-dessus tout une connaissance parfaite des affaires civiles. Car, à part la forme métrique, on retrouve souvent chez lui l'éloquence politique.

120.

Allons maintenant aux tragiques, non pas qu'il sorte de notre plan de passer en revue tous les poètes, mais parce qu'actuellement nous n'avons pas le temps de les rappeler tous. Or il est juste de mentionner les plus remarquables.

Eschyle donc est le premier qui se soit attaché à la magnificence du discours ; il connaît les convenances des mœurs et des passions, orné au suprême degré d'un luxe étonnant soit dans le style propre, soit dans le style figuré ; souvent aussi, lui-même, il fabrique et invente des mots et des sujets nouveaux. Il est plus varié qu'Euripide et que Sophocle dans la manière d'introduire ses personnages.

121.

Sophocle, observant avec soin la dignité des personnages, a excellé dans le tableau des passions de l'ame. Euripide n'adapte pas aux mœurs actuelles toute la vérité et la connexion des faits qu'elles réclament ; aussi blesse-t-il souvent les convenances et l'ordre naturel. Il n'exprime pas exactement, comme Sophocle, les qualités et les sentimens généreux et magnanimes des personnages ; mais s'il se présente quelque chose de peu honorable, quelque acte de lâcheté, quelque fait abject, on le voit en faire la description la plus exacte. Sophocle n'a rien de superflu dans ses écrits ; il se borne au nécessaire. Euripide, au contraire, s'abandonne fréquemment aux discussions oratoires. Sophocle aime à créer des mots nouveaux, et souvent pour courir après le grandiose il tombe dans une enflure vide de sens, au point qu'il descend jusqu'à la bassesse propre au vulgaire. Euripide n'est ni prétentieux ni rabaissé; il use, au contraire, d'une juste médiocrité de diction.

Il faut aussi imiter les qualités oratoires propres aux auteurs comiques; il en est chez qui l'on trouve de la grandeur d'ame, de la prudence, de la moralité. Dans Ménandre, il faut surtout considérer le jeu de l'action.

122.

Parmi les historiens, Hérodote est celui qui apporte le plus de soin dans le tableau des événemens. Quant au style, Thucydide l'emporte quelquefois sur lui, quelquefois c'est le contraire: il est des cas où ils sont égaux. Par le choix des expressions, dans les sujets qu'ils ont traités l'un et l'autre, chacun d'eux conserve un caractère propre; pour la clarté, la palme est accordée sans contredit à Hérodote; la concision se trouve chez Thucydide, mais l'évidence, chez l'un et chez l'autre. Hérodote l'emporte par la description des mœurs paisibles; Thucydide, par celle des grands mouvemens de l'ame. De plus, ils ne diffèrent en rien l'un de l'autre pour la beauté de la diction et l'élévation du style; tous deux se distinguent par ces qualités et autres de cette nature. Thucydide s'est rendu plus célèbre par la vigueur, la force, l'harmonie, l'abondance et la variété des figures; nous voyons, pour la douceur, la persuasion, la grâce, et une simplicité naturelle et sans art, Hérodote l'emporter de beaucoup : il ne sacrifia jamais ces qualités à la composition de son ouvrage ou au caractère de ses personnages.

123.

Quant à Philiste et Xénophon, l'un, Xénophon, devient l'émule d'Hérodote pour la description, la disposition et les qualités morales. Du côté du style, il lui est tantôt égal, tantôt inférieur. Il est pur dans le choix des expressions, clair jusqu'à l'évidence : sa composition respire la douceur et la grâce, au point, peut-être, de surpasser son modèle.

Il n'atteint pourtant pas généralement à la hauteur et à la majesté qui conviennent à l'historien, et même assez souvent il ne maintient pas le caractère de ses personnages, attribuant quelquefois à des ignorans et à des barbares, des discours dignes d'un philosophe, et usant d'un style plus propre à des discours académiques qu'au récit de faits militaires.

124.

Philiste imite Thucydide, à l'exception des mœurs ; d'un côté, elles étaient libres et pleines d'une noble fierté ; de l'autre, elles servaient honteusement la cupidité des tyrans et autres. D'abord, Philiste imita Thucydide en ce que, comme lui, il laissa imparfaite l'exécution de son histoire ; ce n'est pas tout, mais il imita encore le désordre de sa composition, et, à l'exemple de son modèle, par la confusion des faits rapportés, il rendit l'intelligence de l'histoire difficile. Il n'a pas imité l'obscurité des termes et la recherche affectée de **Thucydide**; mais il a retracé, avec l'exactitude la plus parfaite, la rondeur de ses périodes, son style serré, sa véhémence, son langage guerrier : il n'imita pas également sa diction élégante, la sévérité de ses mœurs, l'abondance de ses argumens, sa gravité, ses mouvemens pathétiques et ses figures oratoires. Il est petit et mesquin dans ses descriptions soit de lieux, soit de batailles navales, soit de dispositions stratégiques, soit enfin de constructions de villes. Son style alors ne répond point à la dignité de la chose. Il a pourtant du jugement, et, pour les combats du barreau, il offre plus d'utilité que **Thucydide**.

125.

Théopompe de Chio est digne d'être imité, d'abord dans le choix qu'il a fait de tels sujets, et d'une telle économie de style: il a une manière facile à suivre, et sa diction est claire; ensuite, à cause de la variété des sujets qu'il traite; et non-seulement cela, mais encore pour le ton de franchise qui règne dans ses écrits; enfin parce qu'il ne tient pas cachées les causes secrètes des actions ou des discours qu'il rapporte, et qu'il s'étudie soigneusement à découvrir la pensée de ceux qui parlent ou qui agissent. Son style approche assez de celui d'**Isocrate**, si ce n'est qu'on y remarque de l'aigreur et beaucoup de véhémence; mais pour tout le reste, il est absolument semblable; il est coulant, clair, majestueux, grave, pompeux, réunissant tout pour plaire. On est choqué pourtant par une certaine collision de voyelles, et par une fréquente uniformité dans la rondeur des périodes et l'emploi des figures. Il a encore péché, et ceci tient à l'art surtout, par l'accumulation des digressions : quelques-unes sont insipides et déplacées; comme ce qu'il dit du Silène de Macédoine, et de ce dragon livrant un combat naval à une trirème.

126.

Parmi les philosophes, il faut lire les Pythagoriciens, pour la gravité, la moralité, les dogmes, et de plus pour l'élocution ; car ils sont élevés et poétiques dans leur style; ils ne négligent point la clarté, quoiqu'ils emploient le mélange des dialectes. Il faut surtout imiter Xénophon et Platon, pour les mœurs, la douceur et la magnificence. Il faut admettre aussi Aristote, et imiter sa force et sa clarté dans l'explication, sa douceur, son érudition variée. Car c'est là surtout ce qu'il y a apprendre chez lui. Ayons aussi à cœur d'étudier ses disciples, qui ne sont pas dignes d'une moindre attention.

Puisque nous avons achevé sommairement l'énumération des autres choix de la lecture, il nous reste à dire ce qu'il y a à prendre dans chacun des orateurs ; ce qui maintenant est le plus important pour nous.

127.

Le style de Lysias renferme à lui seul, tout ce qui regarde l'utile et le nécessaire. En fuyant la sécheresse, il est extrêmement serré dans son élocution, et cependant il est encore élégant, naturel et orné d'atticismes. Il n'amplifie pas continuellement, à moins qu'il ne vise à un but caché, avec une douceur soutenue par les grâces de l'éloquence : tellement qu'à la lecture, il paraît clair, mais que ceux qui cherchent à l'imiter, le trouvent bien difficile. Il excelle surtout dans les narrations ; car par la simplicité de la diction, elles donnent sur l'état des choses une explication claire et en même temps des plus détaillées.

128.

Le style d'Isocrate est plein d'ornemens, mais avec de la gravité; il tient plutôt du genre démonstratif que du judiciaire. Il a une élégance mêlée de force; il est pompeux avec efficacité et utilité, mais il n'a rien qui dénote le comédien. Circonscrivant l'élocution par périodes, Isocrate corrige par la simplicité celle qui est tout-à-fait médiocre, et relève celle qui est simple. Nous devons surtout imiter en lui l'enchaînement des mots, et le talent qu'il a de développer toute son idée.

Pour Lycurgue, il amplifie continuellement, il s'explique avec clarté, il est grave, entièrement occupé de l'accusation, ami de la vérité et de la liberté. Il ne connaît point les formes de la politesse, il n'est pas agréable, mais il dit ce qu'il faut dire. Il faut surtout imiter la force de son éloquence.

129.

Le style de Démosthène est fort de diction, mêlé de mœurs douces, et enrichi d'un bon choix d'expressions. Il use toujours d'une disposition convenable à la circonstance, et sait unir à la grâce une certaine gravité et un ensemble parfait. Les juges se laissent surtout prendre à des moyens semblables.

Eschine, moins fort de style que Démosthène, est pompeux et habile dans le choix des mots ; tout en lui n'est pas le fruit de l'art, mais d'une facilité qu'il tient de la nature. Il est surtout clair, accablant, aimant à amplifier, et mordant. Aussi il paraît doux ; mais, examiné avec attention, il est violent.

130.

Hypéride va droit à son but, et amplifie rarement. Il a surpassé Lysias pour la construction de la phrase; et pour la malice de son ironie, il est au-dessus de tous. De plus, il s'occupe surtout de la chose à juger, il insiste sur les points essentiels de la question, il est doué d'une grande prudence, et plein de charmes ; enfin, bien qu'il paraisse simple, il n'est pas dépourvu de finesse. Il faut principalement imiter la délicatesse et la symétrie de ses narrations, et même les détours par lesquels il arrive à la chose.

131.

Tels sont ceux des orateurs dont j'ai parcouru les caractères, et l'on a vu par quelles qualités prédominantes chacun d'eux peut contribuer à l'utilité de ceux qui les lisent. Pour cela, j'ai exposé les formes oratoires des écrivains cités ci-dessus, afin que ceux qui cherchent une manière de lecture utile, au moyen de laquelle le succès ne manque pas de couronner leurs efforts à tous, apprennent à ne pas se contenter de parcourir négligemment les ouvrages des anciens, ou d'attendre nonchalemment le secours qui peut se présenter, mais à en user habilement ; et surtout ils doivent parer leur style des ornemens qu'ils puisent chez tous. Ces ornemens, par eux-mêmes, plaisent sans doute de leur propre nature ; mais si, au moyen de l'art, on les dispose en un corps de discours, il résulte de ce mélange un nouveau charme pour la diction.

132.

Si l'on doit juger du mérite d'un ouvrage par le nombre plutôt que par l'excellence de ses beautés, dans ce cas Hypéride doit être entièrement préféré à Démosthène. En effet il est plus harmonieux que lui, il a plus de beautés, et dans chacune d'elles il s'élève presque au suprême degré, semblable à l'athlète qui, réussissant aux cinq sortes d'exercices, et n'étant le premier en aucun, passe en tous l'ordinaire et le commun. En effet, excepté la composition et l'arrangement des paroles, Hypéride a imité Démosthène dans tout ce que celui-ci a de beau, et il joint à cela les qualités et les grâces de Lysias. Il adoucit, où il le faut, la rudesse et la simplicité du discours, et ne dit pas tout sur le même ton, comme Démosthène. Il peint bien les mœurs, et son style a, dans sa naïveté, une certaine douceur agréable et fleurie. Il y a chez lui un nombre infini de choses plaisamment dites ; il rit et se moque avec finesse et quelque chose de noble, maniant l'ironie avec beaucoup de facilité, n'usant pas de railleries froides et recherchées, à la manière de ces faux imitateurs du style attique, mais de railleries vives et pressantes. Il élude adroitement les objections qu'on lui fait, et les rend ridicules en les amplifiant. Il a beaucoup de plaisant et de comique ; il est tout plein de jeux et de certaines pointes d'esprit qui frappent toujours au but, et en tout cela il met un tour et une grâce inimitables. Il est né pour exciter la pitié ; il est étendu dans ses narrations fabuleuses, et il a une flexibilité admirable pour les digressions ; il se détourne, il reprend haleine où il veut, comme on peut le voir dans les fables qu'il conte de Latone. Il a fait une oraison funèbre avec tant de pompe, que je ne sais si un autre l'a jamais égalé en cela.

133.

Démosthène, au contraire, ne s'entend pas fort bien à peindre les mœurs ; il n'est point étendu dans son style ; il a quelque chose de dur, et n'a ni pompe ni ostentation ; en un mot, il n'a presque aucune des parties dont nous venons de parler. S'il s'efforce d'être plaisant, il se rend ridicule plutôt qu'il ne fait rire, et s'éloigne davantage de ce but, lorsqu'il tâche d'en approcher. Cependant, parce qu'à mon avis toutes ces beautés qui sont en foule dans l'un, n'ont rien de grand, qu'on y voit, pour ainsi dire, un orateur toujours à jeun, et une langueur d'esprit qui n'échauffe, qui ne remue point l'âme (on n'a jamais été fort transporté de la lecture d'Hypéride) : au lieu que Démosthène, ayant ramassé en lui toutes les qualités d'un orateur véritablement né pour le sublime, et entièrement perfectionné par l'étude, ce ton de majesté et de grandeur, ces mouvemens animés, cette fertilité, cette adresse, cette promptitude, et, ce qu'on doit surtout estimer en lui, cette force, cette véhémence dont jamais personne n'a su approcher; par toutes ces divines qualités, que je regarde en effet comme autant de rares présens des dieux (et qu'il ne m'est pas permis d'appeler des qualités humaines), il a effacé tout ce qu'il y a eu d'orateurs célèbres dans tous les siècles, les laissant comme abattus et éblouis, pour ainsi dire, de ses tonnerres et de ses éclairs; car dans les parties où il excelle il est tellement élevé au-dessus d'eux, qu'il répare entièrement par là celles qui lui manquent; et certainement il est plus aisé d'envisager fixement et les yeux ouverts les foudres qui tombent du ciel, que de n'être point ému des violentes passions qui règnent en foule dans ses ouvrages.

134.

La même différence, à mon avis, est entre Démosthène et Cicéron pour le grand et le sublime, autant que nous autres Grecs pouvons juger des ouvrages d'un auteur latin. En effet, le premier est grand en ce qu'il est serré et concis, et Cicéron, en ce qu'il est diffus et étendu. On peut comparer le nôtre, à cause de la violence, de la rapidité, de la force et de la véhémence avec laquelle il ravage, pour ainsi dire, et emporte tout, à une tempête et à un foudre. Pour Cicéron, on peut dire, à mon avis, que, comme un grand embrasement, il dévore et consume tout ce qu'il rencontre, avec un feu qui ne s'éteint point, qu'il répand diversement dans ses ouvrages, et qui, à mesure qu'il s'avance, prend toujours de nouvelles forces. Au reste, vous pouvez mieux juger de cela que moi. Le sublime Démosthène vaut sans doute bien mieux dans les exagérations fortes et dans les violentes passions, quand il faut, pour ainsi dire, étonner l'auditeur. Au contraire, l'abondance est meilleure lorsqu'on veut, si j'ose me servir de ces termes, répandre une rosée agréable dans les esprits ; et certainement un discours diffus est bien plus propre pour les lieux communs, les péroraisons, les digressions, et généralement pour tous ces discours qui se font dans le genre démonstratif. Il en est de même pour les histoires, les traités de physique, et plusieurs autres semblables matières.

135.

Le babil, si l'on voulait le définir, semblerait être une intempérance de langue. Le grand parleur est homme à dire à quelqu'un qui veut l'entretenir d'une affaire quelconque, Vous ne contez pas la chose comme elle est; je sais tout, et si vous voulez m'écouter, vous apprendrez tout. Et si cet autre continue de parler : Vous avez déjà dit cela, ajoute-t-il; n'oubliez pas ce que vous devez dire. Fort bien, vous m'avez heureusement remis dans le fait ; combien il est avantageux de s'entendre ! mais j'oubliais une chose ; c'est cela même ; j'examinais depuis long-temps si vous en viendriez juste à ce que je sais ; usant de telles ou semblables interruptions, au point de ne pas laisser respirer celui avec qui il se trouve. Lorsqu'il a comme assassiné un à un ceux qu'il a rencontrés, il va se jeter dans un cercle de personnes graves, et les fait fuir au milieu de leur entretien sérieux. De là entrant dans les écoles publiques et dans les lieux des exercices, il empêche les enfans d'apprendre, et amuse les maîtres par de vains discours. S'il échappe à quelqu'un de dire, Je m'en vais, il se met à le suivre et à l'accompagner jusques dans sa maison.

136.

Ayant appris ce qui a été dit dans une assemblée, il le divulgue aussitôt. Il raconte en l'exagérant la bataille livrée sous le gouvernement de l'orateur Aristophon, le combat des Lacédémoniens sous la conduite de Lysandre, et les applaudissemens qui accueillirent un discours qu'il prononça lui-même en public; il en répète une grande partie, mêle dans ce récit ennuyeux des invectives contre le peuple, de sorte que ceux qui l'entendent, ou dorment ou le quittent, et que personne ne se souvient de ce qu'il a dit. S'il siége au tribunal, il empêche de juger; s'il est au théâtre il empêche de voir, et de manger s'il est à table, disant qu'il est difficile à un parleur de se taire, qu'il faut que sa langue se remue dans sa bouche comme un poisson dans l'eau, et qu'il ne pourrait pas se taire lors même qu'il paraîtrait plus babillard qu'une hirondelle. Aussi il supporte les railleries que l'on fait de lui sur ce sujet, de la part même de ses propres enfants, lorsque le voyant près de se livrer au sommeil ils lui disent: Racontez-nous quelque chose, afin que nous puissions nous endormir.

137.

M'étant réfugié dans la maison d'Archénée l'armateur, je l'envoie à la ville pour demander des nouvelles de mon frère. A son retour il me dit qu'Eratosthène ayant arrêté Polémarque dans la rue, l'avait conduit en prison. A cette nouvelle, je m'embarquai la nuit suivante pour Mégare. Les trente tyrans, selon leur coutume, condamnèrent mon frère à boire la ciguë, sans lui dire la cause pour laquelle il devait mourir : ainsi il s'en fallut de beaucoup qu'il fût jugé et qu'il pût se défendre. Lorsqu'après sa mort il fut transporté de la prison, ils ne le laissèrent pas exposer dans une des trois maisons que nous avions, mais ayant loué une cabane, ils l'y jetèrent. Quoiqu'il y eût un grand nombre de meubles, ils ne donnèrent rien pour la sépulture ; mais parmi nos amis, l'un fournit un vêtement, pour l'ensevelir, l'autre un coussin, un autre ce qu'il pouvait avoir.

138.

Quoique les tyrans eussent entre les mains une grande quantité de nos effets, sept cents boucliers, beaucoup d'or, d'argenterie et d'airain, d'ornemens de toute espèce, de meubles et d'habillemens de femmes en bien plus grand nombre qu'ils ne pensaient, et de plus cent vingt esclaves dont ils gardèrent les meilleurs, et vendirent les autres au profit du trésor, ils signalèrent leur cupidité et leur avidité par un trait de violence qu'on aura de la peine à croire. La femme de Polémarque avait des pendants d'or qu'elle avait apportés dans la maison de son mari ; Mélobius les lui arracha des oreilles. Enfin, ils n'épargnèrent aucune partie de notre fortune, et nous persécutèrent pour s'emparer de nos biens, comme si nous eussions provoqué leur haine par les injures les plus atroces.

139.

Pour moi, je vais à la maison et je frappe à la porte. Une femme eut de la peine à m'entendre, et vint ensuite m'ouvrir. Je lui demandai si Hipparque était chez lui; elle me répondit qu'il y était.

Deux grenouilles, le marais dans lequel elles habitaient étant desséché, allaient de côté et d'autre cherchant où fixer leur demeure. Etant venues vers un puits profond, et s'étant penchées pour regarder, elles virent de l'eau; alors l'une d'elles conseilla d'y sauter aussitôt; mais, dit l'autre, si ce puits vient aussi à se dessécher, comment pourrons-nous remonter ?

140.

Il y a en Phrygie et ailleurs des bœufs qui remuent les cornes comme des oreilles.

Anacharsis n'est pas le premier qui vint de Scythie à Athènes, dans le désir d'étudier les sciences de la Grèce; Toxaris y vint avant lui, Toxaris, sage, ami du beau, désireux d'acquérir les connaissances les plus utiles.

Le héraut partit d'Athènes: les Thébains envoyèrent en toute hâte chez Jason, leur allié, le priant de les secourir, parce qu'ils prévoyaient comment la chose finirait.

Les habitans de Méroé n'adorent parmi les dieux que Jupiter et Bacchus.

141.

Hérode, cet homme illustre, pleurait Pollux mort avant le temps, et jugeait convenable qu'on attelât son char, qu'on tînt des chevaux prêts, comme s'il eût dû les monter, et qu'on préparât un festin, lorsque Démonax l'abordant lui dit : Je vous apporte une lettre de Pollux. Hérode fut charmé de le voir, et crut qu'il venait, suivant l'usage, se joindre aux autres pour partager sa douleur. Que me veut Pollux, Démonax, lui dit-il. Il vous blâme, répondit celui-ci, de n'être pas encore allé le trouver.

142.

Lorsque je montai sur le trône, le trésor royal était vide, les finances étaient dans le plus grand désordre, les affaires étaient pleines de trouble, et demandaient beaucoup de soin, d'attention et de dépense. Je savais que d'autres, dans de telles circonstances, usent de tous les moyens de rétablir leurs affaires, et souvent sont forcés d'agir contre leur caractère. Cependant aucune de ces raisons ne put me corrompre; au contraire je pris soin de toutes choses avec tant d'intégrité, que je ne négligeai rien de ce qui pouvait contribuer à la gloire et à la prospérité de l'état.

143.

Nous savons tous qu'Agésilas, quand il espérait être utile à sa patrie, ne rejetait pas le travail, ne fuyait pas le danger, ne ménageait pas l'argent, et ne prenait pour prétexte ni ses infirmités ni sa vieillesse. Mais il pensait qu'il est d'un bon roi, de faire à ses sujets le plus de bien qu'il peut.

Au milieu du Caucase est un rocher, dont le périmètre a dix stades, et la hauteur, quatre. Les habitans y montraient la grotte de Prométhée, l'aire de l'aigle dont parle la fable, et même les traces des liens.

144.

On dit qu'Alexandre, n'ayant avec lui qu'Héphestion de ses courtisans, entra dans la tente des captives, et que la mère de Darius ignorant qui d'eux était le roi, parce qu'ils étaient tous deux vêtus de la même manière, s'approcha d'Héphestion et se jeta à ses pieds, parce qu'il lui paraissait plus grand. Celui-ci ayant fait un pas en arrière, et quelqu'un de sa suite ayant montré et désigné Alexandre, la mère de Darius, effrayée de son erreur, se retira ; mais Alexandre lui dit qu'elle ne s'était pas trompée ; car, ajouta-t-il, celui-là est aussi Alexandre.

La vieillesse et la pauvreté sont deux blessures difficiles à guérir.

145.

Les avantages de Sylla inquiétaient Marius ; mais pensant qu'il n'était pas encore assez important pour exciter sa jalousie, il l'employa à l'armée, en qualité de lieutenant dans son second consulat, et de tribun des soldats dans son troisième, et par son moyen il eut de grands succès. En effet pendant sa lieutenance, Sylla prit Copillus, général des Tectosages, et dans son tribunat, il persuada les Marses, nation nombreuse et guerrière, à devenir les amis et les alliés des Romains. Mais s'étant aperçu que Marius lui en voulait, qu'il ne lui donnait pas avec plaisir des occasions de se signaler, et qu'il s'opposait même à son avancement, il s'attacha à Catulus, collègue de Marius dans le consulat, bon général, il est vrai, mais un peu plus lent pour les opérations militaires, et bientôt s'étant vu confier par lui des entreprises importantes, il acquit de la puissance et de la réputation.

146.

Il soumit la plupart des barbares qui habitaient les Alpes ; et les vivres ayant manqué, chargé du soin d'en procurer, il en fit venir une si grande abondance, que les soldats de Catulus en ayant au-delà de leurs besoins, en fournirent à ceux de Marius ; ce qui, au rapport de Sylla lui-même, mortifia beaucoup Marius. Ainsi leur haine, qui avait pris sa source dans des causes si faibles et si puériles, nourrie ensuite par les séditions, et cimentée du sang des guerres civiles, aboutit enfin à la tyrannie et au renversement total de la république. Cet exemple fait connaître la sagesse d'Euripide, et la profonde connaissance qu'il avait des maux politiques, lorsqu'il recommandait surtout d'éviter l'ambition comme la peste la plus pernicieuse et la plus funeste à ceux qui s'y livrent.

147.

Pendant que Sylla était sur les bords de l'Euphrate, arriva le Parthe Orobaze, ambassadeur du roi Arsace, les deux nations n'ayant eu encore aucun commerce entr'elles. On regarda comme un grand effet de son bonheur, qu'il fût le premier à qui les Parthes fussent venus demander l'alliance et l'amitié des Romains. On dit qu'à cette occasion il fit dresser trois siéges, l'un pour Ariobarzane, l'autre pour Orobaze, et un troisième au milieu, sur lequel il se plaça pour leur donner audience. Pour cette dernière circonstance, le roi des Parthes fit mourir Orobaze. Les uns louèrent Sylla d'avoir traité les barbares avec cette fierté, les autres le taxèrent d'une arrogance insultante et d'une ambition déplacée. On raconte qu'un Chalcidien, du nombre de ceux qui étaient venus avec Orobaze, ayant regardé Sylla et considéré avec beaucoup d'attention tous les mouvemens de son corps, toutes les expressions de sa pensée, appliqua les règles de son art à ce qu'il avait saisi de son caractère : il dit que cet homme parviendrait nécessairement au plus haut degré de grandeur, et qu'il était même surpris comment il pouvait souffrir dès à présent de n'être pas le premier de l'univers.

148.

Quand il fut de retour à Rome, Censorinus l'accusa de péculat, pour avoir, contre les lois, emporté de grandes sommes d'argent d'un royaume ami et allié; mais il se désista de son accusation, et l'affaire ne fut pas portée en justice. Cependant l'inimitié de Marius et de Sylla se ralluma, par une occasion que fit naître l'ambition de Bocchus, qui, pour flatter le peuple et faire plaisir à Sylla, dédia dans le capitole des victoires d'or qui portaient des trophées, et parmi elles la statue de Jugurtha, aussi en or, que Bocchus livrait à Sylla. Marius en ayant été irrité, et voulant faire enlever ces statues, les amis de Sylla cherchèrent à l'empêcher. Cette querelle allait allumer la sédition la plus violente qui eût jamais agité Rome ; mais la guerre sociale, qui couvait depuis long-temps, ayant éclaté, apaisa pour le moment cette division.

149.

Sur ces entrefaites, Marius, repoussé vers le temple de la Terre, appela par une proclamation les esclaves à la liberté. Mais ses ennemis étant survenus, pressé vivement il sortit de Rome. Sylla ayant assemblé le sénat, fit décréter la mort de Marius et de quelques autres, dans lesquels était le tribun Sulpicius. Celui-ci fut égorgé, trahi par un esclave, que Sylla rendit libre, et qu'ensuite il fit précipiter. Il mit à prix la tête de Marius, d'une manière inhumaine et impolitique : peu de jours avant, lorsqu'il fut forcé de se livrer à lui, en cherchant un asyle dans sa maison, Marius l'avait laissé aller. Si, au lieu de le relâcher, il l'eût abandonné à Sulpicius qui voulait le massacrer, Marius se rendait maître de Rome ; mais il ne laissa pas de le renvoyer ; et Sylla, peu de jours après, ayant le même avantage sur Marius, n'usa pas envers lui de la même générosité ; par-là il blessa le sénat qui dissimula ses sentimens ; mais le peuple lui donna des preuves sensibles de son mécontentement et de son indignation.

150.

Il rejeta, avec des marques de mépris, Nonius, neveu de Sylla, et Servius, un de ses amis, qui s'appuyant sur sa protection, s'étaient présentés pour les premières charges, et il nomma ceux dont il put croire que l'élection mortifierait le plus Sylla. Il fit semblant de s'en réjouir, et dit même qu'il était bien aise que le peuple jouît par lui de la liberté de faire tout ce qu'il voulait. Pour adoucir la haine de la multitude, il prit un consul dans la faction contraire, Lucius Cinna, dont il s'était assuré d'avance, en lui faisant jurer, avec les plus fortes imprécations, d'être bien porté pour ses intérêts. Cinna, étant monté au capitole, ayant une pierre dans la main, fit, en présence d'un grand nombre de personnes, son serment qu'il accompagna de cette imprécation : que s'il ne gardait pas envers Sylla l'affection qu'il lui promettait, il voulait être chassé de la ville, comme il allait jeter cette pierre loin de sa main : à ces mots, il laissa tomber la pierre. Mais ayant pris possession du consulat, il entreprit aussitôt de casser tout ce qui avait été fait. Il voulut même intenter un procès à Sylla, et le fit accuser par Virginius un des tribuns. Sylla laissant là l'accusateur et les juges, marcha contre Mithridate.

151.

Sylla trouva les autres villes prêtes à lui envoyer des ambassadeurs et à l'appeler dans leurs murs ; mais avec toutes ses troupes il marcha contre Athènes dominée par le tyran Aristion, assiégea le Pirée, mit en usage toutes ses machines de guerre, et livra un grand nombre de combats. Pourtant en attendant quelque temps, il pouvait prendre par famine la ville haute réduite à la dernière extrémité par le manque des choses nécessaires ; mais pressé de retourner à Rome, et craignant quelque nouveauté dans cette ville, il pressait la guerre par de fréquens dangers, par de nombreux combats et par de grandes dépenses. Sans son équipage ordinaire, dix mille attelages de mulets travaillaient chaque jour pour lui sans interruption pour le service des batteries. Mais le bois ayant manqué, parce que plusieurs de ces machines étaient ou brisées par les fardeaux énormes qu'elles portaient, ou brûlées par les feux continuels que les ennemis y lançaient, il ne respecta pas les bois sacrés, et fit couper les parcs du Lycée et de l'Académie, qui, par la beauté de leurs allées, faisaient l'ornement des faubourgs d'Athènes.

152.

Enfin, comme il était besoin de beaucoup d'argent pour cette guerre, il n'épargna pas même les trésors des temples jusqu'alors inviolables, faisant venir tant d'Epidaure que d'Olympie, les plus belles et les plus riches offrandes. Il écrivit aussi aux Amphictyons à Delphes, qu'il serait mieux de lui porter les trésors du Dieu, car il les garderait plus sûrement, ou que s'il s'en servait, il les leur rendrait en égal nombre. Il leur envoya un de ses amis, le Phocéen Caphis, en lui ordonnant de prendre le tout au poids. Caphis vint bien à Delphes, mais il craignit de toucher à ces dépôts sacrés ; et, en présence des Amphictyons, il déplora la nécessité qui lui était imposée. Quelques-uns lui ayant dit qu'ils entendaient dans le sanctuaire la lyre d'Apollon, Caphis, soit qu'il le crût, soit qu'il voulût mettre Sylla dans une crainte religieuse, lui écrivit. Celui-ci se moqua de lui, et lui répondit qu'il était étonné que Caphis ne comprît pas que le chant est le propre de quelqu'un qui est content, et non d'une personne en colère; de sorte qu'il lui ordonna de prendre les trésors sans crainte, parce que le dieu n'en était pas fâché et lui en fesait présent.

153.

On pourrait définir la flatterie, un commerce honteux, avantageux au flatteur : on peut ajouter que le flatteur, se promenant avec quelqu'un, est homme à lui dire : Remarquez-vous comme on a les yeux sur vous? cela n'arrive à personne de ceux qui sont dans la ville, excepté à vous. Hier on parlait bien de vous au portique; il s'y trouvait plus de trente personnes, et la conversation étant tombée sur celui qui était le plus homme de bien, tous d'une commune voix vous nommèrent. Tout en lui disant mille choses semblables, il enlève le moindre duvet de son manteau. Si quelque petite paille a été jetée par le vent sur vos cheveux, il vous l'ôte, et se mettant à rire, Voyez-vous, dit-il? depuis deux jours que je ne vous ai rencontré, vous avez la barbe pleine de poils blancs; pour votre âge, cependant, vous avez les cheveux aussi noirs qu'homme du monde. Si vous prenez la parole, il ordonne aux autres de faire silence, et les force de vous approuver; si vous cessez de parler, il s'écrie: Très-bien! Vous faites à quelqu'un une mauvaise plaisanterie? il en rit, et porte son manteau à sa bouche, comme s'il ne pouvait s'empêcher d'éclater. Il ordonne à ceux que vous rencontrez de s'arrêter jusqu'à ce que vous ayez passé.

154.

Il achette des fruits, vient les donner à vos enfans en votre présence, et les embrassant il leur dit : Voilà des enfans dignes d'un père vertueux. S'il achette des souliers avec vous : Votre pied, dit-il, est mieux fait que la chaussure. Lorsque vous allez chez quelqu'un de vos amis, il entre le premier et lui dit : Un tel vient vous faire visite ; et revenant sur ses pas : Je vous ai annoncé, dit-il en s'adressant à vous. Le flatteur, sans hésiter, se mêle de choses qui ne conviennent qu'à des femmes. S'il est invité à souper, il est le premier à louer le vin ; assis à côté du maître de la maison, il lui dit : Vous faites une chère délicate ; et prenant un des plats sur la table, Voilà, dit-il, un morceau friand ; il lui demande s'il n'a pas froid, s'il veut une autre robe, et tout en lui faisant ces questions il s'empresse de le mieux couvrir. Il lui parle à l'oreille, et s'entretient avec les autres sans cesser de le regarder. Au théâtre, il arrache les carreaux des mains du valet qui les distribue, et les place lui-même. Il dit que la maison est bien bâtie, que les jardins sont bien plantés, que son portrait (du maître) lui ressemble. En un mot, on peut voir le flatteur dire et faire toutes les choses par lesquelles il s'imagine plaire.

155.

Parmi les choses, les unes sont en notre pouvoir, les autres ne dépendent pas de nous. Sont en notre pouvoir, nos opinions, nos inclinations, nos désirs, nos aversions : en un mot, toutes nos opérations. Ne dépendent pas de nous, la santé, la richesse, la réputation, les emplois ; en un mot, tout ce qui est hors de nous.

Les choses qui sont en notre pouvoir, sont naturellement libres, et ne peuvent être ni défendues, ni empêchées ; celles qui ne dépendent pas de nous, sont faibles, sujettes à la dépendance, aux empêchemens et aux caprices d'autrui.

Souvenez-vous donc que, si vous regardez comme libres les choses naturellement sujettes à la dépendance, comme personnel ce qui vous est étranger, vous rencontrerez des obstacles, vous éprouverez des contrariétés, vous serez troublé, et vous accuserez les dieux et les hommes. Mais si vous ne regardez comme personnel que ce qui vous est personnel, comme étranger ce qui vous est étranger, personne ne vous contraindra, personne ne vous empêchera ; vous n'accuserez, vous ne blâmerez personne ; vous ne ferez rien malgré vous, personne ne vous nuira, vous n'aurez pas d'ennemi vous n'éprouverez aucun dommage.

156.

Si vous désirez les biens véritables, souvenez-vous qu'il ne faut pas vous y attacher avec peu d'ardeur ; qu'il faut renoncer entièrement à certaines choses, et vous abstenir des autres pour le moment. Mais si à ces biens-là vous voulez joindre les charges et les richesses, peut-être vous n'obtiendrez pas celles-ci, pour avoir aussi désiré ceux-là ; mais vous perdrez entièrement les biens, par le moyen seul desquels nous arrivent la liberté et le bonheur.

A la vue de quelque objet fâcheux, ayez soin de dire aussitôt que c'est une pure imagination, et que la chose n'est point telle qu'elle vous paraît; ensuite examinez-la, estimez-la avec les règles que vous avez; d'abord et surtout, voyez si elle est en votre pouvoir, ou si elle ne dépend pas de vous; et si elle ne dépend pas de vous, qu'il vous vienne aussitôt de dire : Ce n'est pas mon affaire.

157.

Ne demandez pas que les choses soient comme vous voulez; mais désirez-les comme elles sont, et vous serez heureux.

Vous pouvez être invincible, si vous n'entreprenez pas les combats où il n'est pas en votre pouvoir de remporter la victoire.

Quand vous verrez quelqu'un comblé d'honneurs, ou élevé à une grande puissance, ou favorisé de la fortune, gardez-vous de le dire heureux, entraîné par l'apparence. Car si le bonheur tient aux choses qui dépendent de nous, l'envie et la jalousie ne doivent point trouver de place. Pour vous, vous ne chercherez pas à être sénateur, consul, empereur; vous vous contenterez d'être libre. Il n'y a pour cela qu'une route, le mépris des choses qui ne dépendent pas de nous.

Ayez chaque jour devant les yeux la mort, l'exil, et tout ce qui paraît un mal, mais la mort surtout; par ce moyen, vous n'aurez jamais aucune pensée coupable, et vous ne désirerez rien avec trop d'ardeur.

158.

La brutalité est une certaine dureté dans le commerce de la vie et dans les paroles. Si vous demandez à un homme brutal : où est un tel? il est capable de vous dire : Ne me rompez point la tête. Vous le saluez ? il ne rend pas le salut. S'il met une chose en vente, il ne dit pas pour quel prix il la cédera, mais il adresse cette demande à l'acheteur : **Qu'y trouvez-vous à dire?** il ne pardonne pas à celui qui l'a poussé involontairement ou qui lui a marché sur le pied. Un ami lui emprunte quelque argent? il répond qu'il ne lui en prêtera point ; il va ensuite le lui porter en disant qu'il le compte perdu. S'il vient à broncher dans la rue, il maudit la pierre contre laquelle il a heurté. Il n'a pas la patience d'attendre une personne. Il ne chantera pas, il ne récitera pas (dans un repas), il ne voudra pas même danser avec les autres. Il est homme à ne jamais adresser de prières aux dieux.

159.

La défiance est une supposition d'injustice de la part de tout le monde. Un homme défiant, ayant envoyé un valet faire des provisions, est capable d'en envoyer un autre pour demander à quel prix il les a achetées. Portant lui-même une somme (en voyage), il s'assied à chaque stade pour la compter. Il demande à sa femme s'il a fermé son coffre-fort, si sa cassette est toujours scellée, si l'on a bien fermé la porte du vestibule ; et bien qu'elle réponde affirmativement, il ne se lève pas moins du lit et va en chemise et nu-pieds, une lampe à la main, rôder de tous côtés pour tout examiner, et alors même il a de la peine à s'endormir. Il demande les arrérages à ses débiteurs, en présence de témoins, afin qu'ils ne puissent pas (un jour) nier la dette.

160.

Il ne donne pas sa robe à teindre au foulon qui passe pour le meilleur ouvrier, mais à celui qui donne caution en la recevant. Si quelqu'un vient lui demander quelques vases, le plus souvent il ne les donne pas ; mais si c'est un ami ou un parent, avant de les prêter, peu s'en faut qu'il ne les pèse et qu'il ne demande une garantie. Il ordonne à l'esclave qui l'accompagne, de marcher devant lui, et non à sa suite, afin de prendre garde qu'il ne lui échappe point. A ceux qui emportant de chez lui quelque chose, lui diraient : Estimez cela et mettez-le sur notre compte, il répondrait qu'il n'a pas le temps d'envoyer (chercher son argent.)

161.

On dit que, sur ces entrefaites, quelques personnes ayant entendu des vieillards s'entretenant dans le Céramique, et blâmant le tyran de ne pas faire garder le côté de la muraille, lequel regardait le quartier appelé l'Hepta Chalcos, par lequel seul il était possible que les ennemis escaladassent facilement, allèrent en avertir Sylla. Celui-ci ne dédaigna pas cet avis, mais s'y étant transporté pendant la nuit, et ayant vu que ce lieu était facile à prendre, se mit à l'œuvre aussitôt. Sylla lui-même dit dans ses commentaires que Marcus Téius, étant monté le premier sur la muraille, porta un coup d'épée sur le casque d'un ennemi qui lui faisait tête, et la rompit, mais que tout désarmé qu'il était, il ne quitta point la place et s'y tint toujours ferme.

162.

La ville fut donc prise par cet endroit, comme les vieillards Athéniens le disaient. Sylla, ayant fait abattre la muraille qui était entre la porte sacrée et celle du Pirée, fit aplanir tout cet espace, et entra dans Athènes vers le milieu de la nuit, dans un appareil effrayant, au son des clairons et des trompettes, aux cris furieux de toute l'armée à qui il avait laissé tout pouvoir de piller et d'égorger, et qui s'étant répandue, l'épée à la main, dans toutes les rues de la ville, y fit le plus horrible carnage. On n'a jamais su le nombre de ceux qui furent massacrés; on n'en juge encore aujourd'hui que par les endroits qui furent couverts de sang; car sans compter ceux qui furent tués dans les autres quartiers, le sang versé sur la place remplit tout le Céramique jusqu'à la porte Dipyle; plusieurs historiens même disent qu'il regorgea par les portes et ruissela dans les faubourgs.

163.

Outre la multitude d'Athéniens qui périt de cette manière, ceux qui se donnèrent la mort, par la douleur et le regret de voir détruire leur patrie, ne furent pas moins nombreux. Cela désespéra les plus honnêtes gens, et leur fit préférer la mort à la crainte de tomber entre les mains de Sylla, de qui ils n'attendaient ni modération ni humanité. Mais enfin cédant aux prières de Midias et de Calliphon, deux bannis d'Athènes, qui se jetèrent à ses pieds, et aux vives instances de plusieurs sénateurs Romains qui servaient dans son armée, et qui lui demandèrent grâce pour la ville, sans doute aussi rassasié de vengeance, il fit l'éloge des anciens Athéniens, dit qu'il pardonnait au plus grand nombre en faveur du plus petit, et qu'il accordait aux morts la grâce des vivans.

164.

Sylla dit lui-même dans ses commentaires, qu'il prit Athènes, aux calendes de mars, jour qui correspond à la nouvelle lune de notre mois Anthestérion; il se rencontra par hasard qu'on faisait ce jour-là plusieurs cérémonies sacrées, en mémoire du déluge qui, anciennement et à cette même époque, avait submergé la terre. La ville étant prise, le tyran se réfugia dans la citadelle où il fut assiégé par Curion qui avait été commandé pour cela. Il s'y défendit long-temps, mais enfin il se rendit vaincu par la soif. La main divine parut en cette occasion d'une manière sensible. Le jour et à l'heure même que Curion emmenait le tyran de la citadelle, le ciel se couvrit de nuages, versa une pluie abondante, et remplit d'eau la citadelle. Peu de temps après Sylla se rendit maître du Pirée, et brûla la plus grande partie de ses fortifications, parmi lesquelles était l'arsenal, ouvrage admirable de Philon.

165.

Cependant Taxile, général de Mithridate, étant venu de la Thrace et de la Macédoine, avec cent mille hommes de pied, dix mille chevaux et quatre-vingt-dix chars armés de faux, fit appeler Archélaüs, qui se tenait toujours dans le port de Munychium, ne voulait pas s'éloigner de la mer, ni en venir aux mains avec les Romains, mais cherchait à traîner la guerre en longueur et à couper les vivres aux ennemis. Sylla, connaissant beaucoup mieux que lui le danger de sa position, quitta le pays maigre de l'Attique, qui n'aurait pas suffi à le nourrir, même en temps de paix, et passa dans la Béotie. Plusieurs jugèrent qu'il faisait un mauvais calcul, en quittant un pays montueux, difficile à des gens de cheval, pour se jeter dans les plaines et les champs découverts de la Béotie, voyant bien que la force des barbares consistait dans la cavalerie et dans les chars.

166.

Mais, comme je l'ai dit, fuyant la disette et la famine, il était forcé de courir les risques d'une bataille. Il tremblait d'ailleurs pour Hortensius, officier courageux et hardi, qui lui amenait de Thessalie un renfort considérable, et que les barbares attendaient dans les défilés. Pour ces motifs Sylla se rendit dans la Béotie. Mais Caphis, qui était de notre pays, ayant trompé les barbares, fit prendre un autre chemin à Hortensius, et le mena par le Parnasse, au-dessous de Tithore, qui n'était pas encore une ville aussi grande qu'elle l'est aujourd'hui, mais un simple fort, assis sur une roche escarpée de tous côtés, où les Phocéens qui fuyaient devant Xerxès, s'étaient retirés autrefois et s'étaient mis en sûreté. Hortensius ayant campé au-dessous de cette forteresse, repoussa les ennemis pendant le jour, et pendant la nuit descendit par des chemins difficiles jusqu'à Pétronide, où il joignit Sylla qui était venu au-devant de lui avec son armée.

167.

Cependant à Rome Cinna et Carbon traitant avec injustice et cruauté les personnes les plus considérables, plusieurs, fuyant la tyrannie, vinrent dans le camp de Sylla comme dans un port assuré, et en peu de temps il eut autour de lui une espèce de sénat. Métella, ayant eu de la peine à se dérober à leur fureur, elle et ses enfans, vint lui annoncer que sa maison et ses terres avaient été incendiées par ses ennemis, et le prier d'aller secourir ceux qui étaient restés à Rome. Sylla fut dans l'embarras : il ne pouvait se résoudre à négliger sa patrie en proie à tant de maux, et ne savait comment partir laissant imparfaite une aussi grande entreprise, la guerre de Mithridate. Alors arriva un certain Archélaüs, marchand de Délium, lui apportant secrètement de la part d'Archélaüs, général de Mithridate, quelque espérance de paix.

168.

Sylla fut si charmé de cette nouvelle, qu'il se hâta d'aller lui-même s'aboucher avec Archélaüs. Ils se rencontrèrent sur le bord de la mer, près de Délium, où se trouve un temple d'Apollon. Archélaüs parla le premier, et proposa à Sylla d'abandonner l'Asie et le Pont, et d'aller à Rome terminer la guerre civile, lui offrant pour cela de la part de son prince, autant d'argent, de vaisseaux et de troupes qu'il en voudrait. Sylla prenant la parole, lui conseilla de quitter Mithridate, de se faire roi à sa place, en devenant l'allié des Romains, et de lui livrer ses vaisseaux.

169.

Archélaüs ayant rejeté avec horreur cette trahison : Eh quoi ! Archélaüs, reprit Sylla, vous qui êtes Cappadocien et l'esclave, ou, si vous voulez, l'ami d'un roi barbare, vous n'avez pas la force de supporter une proposition honteuse au prix de tant de biens que je vous offre ; et à moi, général des Romains, à moi Sylla, vous avez le courage de parler de trahison ! comme si vous n'étiez pas cet Archélaüs, qui fuyant de Chéronée avec une poignée de soldats, reste de cent-vingt mille combattans, s'est caché durant deux jours dans les marais d'Orchomène, laissant la Béotie presqu'inaccessible par le nombre de morts dont elle était jonchée.

170.

Alors Archélaüs changeant de langage et s'humiliant devant Sylla, le pria de cesser la guerre, et de faire la paix avec Mithridate. Sylla ayant agréé sa soumission, il fut imposé pour conditions : que Mithridate renoncerait à l'Asie et à la Paphlagonie, restituerait la Bithynie à Nicomède, et la Cappadoce à Ariobarzane ; payerait aux Romains deux mille talens, et leur donnerait soixante-dix galères parfaitement équipées ; d'un autre côté, que Sylla garantissait à Mithridate ses autres états, et le titre d'allié du peuple Romain. Ces choses ainsi convenues, Sylla se retira et marcha vers l'Hellespont par la Thessalie et la Macédoine, ayant avec lui Archélaüs qu'il traitait avec distinction.

171.

Ce général étant tombé malade à Larisse, Sylla s'y arrêta, et eut soin de lui comme d'un de ses lieutenans ou de ses collègues. Tous ces égards firent calomnier sa bataille de Chéronée comme n'ayant pas été gagnée bien purement; ce qui accrédita ce soupçon, c'est qu'après avoir rendu à Mithridate tous ses amis qu'il avait faits prisonniers, il fit mourir par le poison le seul tyran Aristion, ennemi d'Archélaüs. Mais rien ne le confirma plus que le don qu'il fit à ce Cappadocien de dix mille plèthres de terre dans l'Eubée, et le titre qu'il lui conféra d'ami et d'allié du peuple Romain. Sylla se justifie à ce sujet dans ses commentaires.

172.

Cependant des ambassadeurs étant venus de la part de Mithridate, et lui ayant déclaré que ce prince acceptait les autres conditions du traité, mais qu'il ne consentait pas à céder la Paphlagonie, ni a donner les vaisseaux demandés : Que dites-vous ? leur répondit Sylla en colère. Mithridate veut garder la Paphlagonie et refuse de livrer les vaisseaux, lui que je croyais voir se prosterner à mes pieds, si je lui laissais cette main droite par laquelle il a fait périr tant de Romains ! il tiendra certes un autre langage quand j'aurai passé en Asie. Que maintenant paisible à Pergame, il fasse des plans de campagne pour une guerre qu'il n'a seulement pas vue. Les ambassadeurs effrayés gardèrent le silence; mais Archélaüs se mit à prier Sylla, à calmer sa colère, en lui prenant la main et en pleurant. Enfin il lui persuada de le renvoyer à Mithridate pour conclure la paix aux conditions qu'il voulait, disant que s'il ne pouvait le persuader, il se tuerait de sa propre main.

173.

Je raconterai d'abord ce que je l'ai (Socrate) entendu dire un jour sur la divinité à Aristodème, surnommé le Petit. Ayant appris qu'Aristodème ne sacrifiait point, n'adressait point de prières aux dieux, n'usait point des pratiques de la divination, mais raillait ceux qui faisaient toutes ces choses, Répondez-moi, Aristodème, lui dit-il : est-il des hommes dont vous admiriez le talent? — Sans doute. — Dites-nous leurs noms. — J'admire surtout Homère dans la poésie épique, Mélanippide dans le dithyrambe, Sophocle dans la tragédie, Polyclète dans la statuaire, Zeuxis dans la peinture. —

174.

Mais quels artistes trouvez-vous les plus admirables, de ceux qui font des figures privées de raison et de mouvement, ou de ceux qui produisent des êtres animés et doués de la faculté de penser et d'agir? — De beaucoup, certes, ceux qui créent des êtres animés, si toutefois ces êtres ne sont pas l'ouvrage du hasard, mais d'une intelligence. — Des ouvrages dont on ne reconnaît pas la destination, et de ceux dont on aperçoit manifestement l'utilité, lesquels regardez-vous comme la création d'une intelligence, ou comme le produit du hasard? — Il convient d'attribuer à une intelligence les ouvrages qui ont un but d'utilité.

175.

Ne vous semble-t-il donc pas que celui qui a fait les hommes dès le commencement, leur a donné, dans un but d'utilité, chacun des organes par le moyen desquels ils perçoivent les sensations : les yeux, pour voir les objets visibles ; les oreilles, pour entendre les sons ? Quelle idée aurions-nous des choses douces, des choses amères, des choses qui flattent agréablement le palais, si la langue n'était là pour distinguer ces sensations ?

Outre ce qui précède, ne regardez-vous pas comme une merveille de la providence, que nos yeux, organe faible, soient munis de paupières qui, comme deux portes, s'ouvrent lorsque nous voulons voir, et se ferment durant le sommeil ; que ces paupières aient des cils qui, pareils à des cribles, les protégent contre les vents ; que des sourcils empêchent la sueur d'incommoder les yeux en tombant du front ; que l'ouïe reçoive tous les sons sans se remplir jamais ; que chez tous les animaux, les dents antérieures soient tranchantes, et les molaires propres à broyer les alimens reçus des incisives ? que la bouche, destinée à recevoir ce qui excite l'appétit de l'animal, soit placée près des yeux et des narines ? que d'avoir éloigné les canaux des déjections, qui inspirent le dégoût, et de les avoir placés le plus loin possible des plus délicats de nos organes ? Ces ouvrages, faits avec tant de prévoyance, vous doutez s'ils sont le produit du hasard ou le fruit d'une intelligence ?

176.

Non certes, dit-il ; mais en les considérant sous ce point de vue, ils ressemblent fort au produit d'un ouvrier sage et animé d'un tendre amour pour ses ouvrages. — Et si nous ajoutons qu'il a donné aux mères le désir de nourrir, à ceux qui ont été nourris le plus grand amour de la vie, la plus grande crainte de la mort, certainement toutes ces choses annoncent les soins d'un ouvrier qui voulait que les animaux existassent.

Vous-même ne croyez-vous pas avoir de l'intelligence ? — Questionnez, et je vous répondrai. — Pensez-vous qu'il n'y ait hors de vous rien d'intelligent ? et cela, en sachant qu'il n'y a dans votre corps qu'une faible portion de cette vaste étendue de terre, qu'une goutte de ce grand amas d'eau, qu'une petite partie des vastes élémens ; et l'intelligence qui est insaisissable, croyez-vous l'avoir toute ravie à vous seul ? et tant de choses magnifiques, innombrables, vous semblent-elles l'ouvrage d'un aveugle hasard ? —

177.

Oui, dit-il ; car je n'en vois pas les créateurs, comme je connais les artisans de ce qui est sur la terre. — Vous ne voyez pas non plus votre ame, qui est la souveraine de votre corps ; de sorte que d'après cela il vous est permis de dire que vous ne faites rien avec intelligence, mais tout par hasard. —

Au reste, Socrate, dit Aristodème, je ne méprise pas la divinité, mais je la crois trop grande pour avoir besoin de mon culte. — Plus elle juge à propos de vous traiter avec magnificence, plus elle doit être révérée. —

178.

Sachez bien, dit Aristodème, que je ne négligerais pas les dieux, si je pensais qu'ils s'occupent des hommes. — Quoi! vous les jugez indifférens, eux qui premièrement ont créé l'homme seul droit de tous les animaux, avantage qui nous fait porter la vue plus loin, voir mieux au-dessus de nos têtes, et prévenir les dangers; eux qui nous ont donné la vue, l'ouïe, le goût; eux qui ensuite ont attaché les autres animaux à la terre, et leur ont donné des pieds seulement, pour changer de place, tandis qu'ils ont accordé de plus à l'homme des mains qui lui procurent ce qui le rend plus heureux que la brute?

Tous les animaux ont une langue; mais ils ont fait celle de l'homme seule capable, par ses divers mouvemens combinés avec ceux des lèvres, d'articuler des sons; avantage qui nous permet de nous communiquer les uns aux autres toutes nos volontés.

179.

Dieu n'a pas borné ses soins à la conformation de notre corps; mais, ce qui est bien plus important, il nous a donné l'ame la plus parfaite. Citez un autre animal dont l'ame connaisse l'existence des dieux, auteurs de tant de beautés et de tant de merveilles? Après l'homme, quel autre animal adore la divinité? quel autre est plus capable que l'homme, de prévenir la faim, la soif, le froid, le chaud? de guérir les maladies, d'augmenter ses forces par l'exercice, d'ajouter à ses connaissances par le travail, de se rappeler ce qu'il a entendu, ce qu'il a vu, ce qu'il a appris?

180.

N'est-il pas tout-à-fait évident pour vous, que les hommes vivent comme les dieux parmi les animaux, supérieurs à eux par leur nature, par la conformation de leur corps, par les facultés de leur ame? L'animal qui aurait la forme du bœuf et l'intelligence de l'homme, ne pourrait exécuter ses volontés; accordez-lui les mains, et privez-le de l'intelligence, il ne sera pas plus avancé. Et vous, qui avez reçu ces deux dons si précieux, vous ne croyez pas que les dieux prennent soin de vous ! Mais que faut-il donc qu'ils fassent, pour que vous pensiez qu'ils s'intéressent à vous ? — Qu'ils m'envoient, comme vous dites qu'ils le font, des conseillers qui m'apprennent ce que je dois faire, ce que je dois éviter. — Mais, quand ils répondent aux Athéniens qui les consultent, ne pensez-vous pas qu'ils répondent aussi à vous? ne s'adressent-ils pas à vous, lorsque, par des prodiges, ils manifestent leurs volontés aux Grecs et à tous les mortels ? Ils n'exceptent donc que vous ? vous êtes donc le seul qu'ils négligent ?

181.

Pensez-vous que les dieux eussent persuadé aux hommes qu'ils peuvent les récompenser ou les punir, s'ils n'en avaient la puissance? et que les hommes eussent été si long-temps abusés sans reconnaître leur erreur ? Ne voyez-vous pas que ce qu'il y a de plus sage et de plus antique sur la terre, les républiques et les nations, sont aussi ce qu'il y a de plus pieux ; et que l'âge qui a le plus de sagesse, est aussi le plus religieux ?

Mon cher Aristodème, sachez que votre esprit, tant qu'il est uni à votre corps, le gouverne à son gré. Il faut donc croire aussi que la sagesse qui vit dans tout ce qui existe, gouverne ce grand Tout comme il lui plaît. Mais ne pensez pas que, quand votre vue peut s'étendre à plusieurs stades, l'œil de Dieu ne puisse tout voir en même temps ; ni que, quand votre esprit peut en même temps s'occuper des événemens d'Athènes, de l'Egypte et de la Sicile, l'esprit de Dieu ne soit pas capable de songer à tout en même temps.

De même qu'en rendant des soins aux hommes, vous apprenez à connaître s'ils veulent vous en rendre à leur tour; en les obligeant, s'ils sont aussi disposés à vous obliger; en les consultant, s'ils ont de la prudence ; de même, en révérant les dieux, vous saurez s'ils veulent vous éclairer sur ce qu'ils ont caché à notre faible raison ; alors vous reconnaîtrez que l'être suprême est si grand et si puissant, qu'il voit tout d'un seul regard, qu'il entend tout, qu'il est partout, et qu'il prend soin de tout en même temps.

FIN.

www.ingramcontent.com/pod-product-compliance
Lightning Source LLC
Chambersburg PA
CBHW070258100426
42743CB00011B/2263